Frank Schäfer | AC/DC. 100 Seiten

* Reclam 100 Seiten *

FRANK SCHÄFER, geb. 1966, ist seit vielen Jahren regelmäßig als Literatur- und Musikkritiker u. a. für die *NZZ*, die *taz* oder *Zeit Online* tätig, insbesondere als Spezialist für Hardrock und Heavy Metal. In den Musikmagazinen *Rolling Stone* und *Rock Hard* betreut er eine ständige Kolumne zum Thema.

Frank Schäfer

# AC/DC. 100 Seiten

RECLAM

2024 Philipp Reclam jun. Verlag GmbH,
Siemensstraße 32, 71254 Ditzingen
Umschlaggestaltung: Philipp Reclam jun. Verlag GmbH
nach einem Konzept von zero-media.net
Infografik (S. 66 f.): annodare GmbH, Agentur für Marketing
Bildnachweis: S. 100: Wikimedia Commons / MATT BECKER/
www.melodicrockconcerts.com / CC BY-SA 3.0 DEED;
Autorenfoto: © Moritz Thau
Umschlagmaterial: Creative Print, Schabert
Druck und Bindung: Esser printSolutions GmbH,
Untere Sonnenstraße 5, 84030 Ergolding
Printed in Germany 2025
RECLAM ist eine eingetragene Marke
der Philipp Reclam jun. GmbH & Co. KG, Stuttgart
ISBN 978-3-15-020710-9

www.reclam.de | info@reclam.de

Für mehr Informationen zur 100-Seiten-Reihe:
www.reclam.de/100Seiten

# Inhalt

## Playlists zum Buch

Zwei Playlists zum Mithören – einmal Original-AC/DC-Songs, einmal Coverversionen von AC/DC-Songs – finden Sie online unter https://www.reclam.de/acdc bzw.

## I'll win the fight – Identifikationsmuster

Das Publikum, das die Parkhäuser vor dem Messegelände überflutet, fährt gern SUV, Kombi, Transporter, Kleinbus. Man brauchte Platz, als die Kinder kamen. Aber da sind auch frühpubertäre Kuttenträger, Kleinkinder mit Micky-Mäusen auf den Ohren, sogar Hipster-Bärtlinge. AC/DC sind ein Mehrgenerationenprojekt, das seine weit über zweihundert Millionen Alben natürlich nicht nur gesattelten Altrockern verkauft hat. Das Wimmelbild prägen dennoch die Herbstzeitlosen, Graubärte, Knittergesichter. Einer von ihnen bin ich. Ein gutes Viertel des Publikums ist weiblich, und das hat besser gelernt, mit den Defiziten umzugehen. Ein bisschen Karnevalsstimmung blitzt auf. Einige haben sich als Angus verkleidet, in einer gefakten Schuluniform mit kurzen Hosen. Auf diversen Köpfen blinken die notorischen Teufelshörnchen, die später im Dunkeln so romantisch leuchten. Statt Feuerzeugen. – AC/DC hatten nie einen Feuerzeugsong im Programm.

Schließlich dämmert es, und die Show beginnt – mit einem Mondlandungsvideo. Doch was müssen die Astronauten sehen? Ein AC/DC-Schriftzug brennt sich durch das Gestein und startet durch ins All, um dann irgendwo mit großem Bumms einzuschlagen. Das ist genau die absurde Bildsprache, die Brian Johnson vor vielen Jahrzehnten in die Texte eingeführt hat. Ein grandioser Blödsinn, der nichts anderes sein will als eben grandios und blödsinnig. Und dann kommt auch schon das trockene, abgestoppte Erkennungsriff von »Rock or Bust«, das hier und jetzt in den Abendhimmel geblasen auf einmal eine Überzeugungskraft besitzt, mit der man kaum noch gerechnet hatte. Stevie Young, Malcolms Neffe, der Gesichtsälteste heute Abend, nicht nur auf der Bühne, sondern auf dem ganzen Gelände, der den verstorbenen Onkel ersetzen soll, bekommt seine Zeit auf den Videowänden. Er wird hier nicht als Ersatzmann geführt, er ist der neue Rhythmusgitarrist und darf denn auch eine von Malcolms alten, zerschundenen Gretschs spielen, der die beiden vorderen Tonabnehmer herausoperiert wurden. Einer hat immer schon gereicht – und dass er auch für den Neffen reicht, ist wohl als Zeichen zu verstehen.

Die kleineren und größeren Gimmicks, die seit Jahrzehnten zum Live-Spektakel gehören, die aufblasbare Wuchtbrumme bei »Whole Lotta Rosie«, die »Hells Bells«-Glocke und die Kanonen bei »For Those About to Rock«: Sie alle werden abgerufen – und dennoch zeigt sich wieder einmal, wie zweitrangig sie sind. Und auch Angus, dauergrimassierend, nach Luft schnappend wie ein Fisch auf dem Trockenen, ist zwar die aufmerksamkeitsheischende Lichtgestalt auf der Bühne, aber immer noch nicht die Hauptattraktion. Denn das sind einmal mehr die Songs, diese aufs Allernötigste runtergestrippten, simplen, die kalkulierte Reduktion aber allemal trickreich umspielenden Riffbretter. Wer AC/DC stumpf nennt, hat nichts, aber auch gar nichts verstanden.

Ein AC/DC-Konzert ist vielleicht am ehesten vergleichbar mit einer Kampfsportveranstaltung. Man sieht dabei zu, wie sich die Hauptdarsteller im Laufe des Abends langsam, aber todsicher in den Zustand gesteigerter Derangiertheit hineinarbeiten. Bei AC/DC hat das noch eine weitere Dimension, weil sie schon ziemlich derangiert beginnen – und den vielen zerdellten Lebensläufen vor der Bühne stellvertretend beweisen, dass man es trotz allem immer noch bringt.

Angus' schweißnasses Hemd hängt irgendwo, in seinem Gesicht spiegelt sich Apathie, der Stoizismus des unbedingten Durchhaltens. Brian Johnson pfeift nach der Hälfte des Konzerts auf dem letzten Loch, er macht so gut wie gar keine Ansagen mehr, weil es nicht geht, weil er gar keine Sprechstimme mehr hat, nur noch die AC/DC-Stimme, dieses heisere, kehlkopfschreddernde Kreischen, das mit zunehmender Dauer des Auftritts immer stärker an quietschende Bremsen erinnert.

Nach jedem Song gehen sie in ihre Ringecke, zum Drumpodest, wo die Erfrischungen stehen, wo sie kurz verschnaufen können, bis der unerbittliche Chris Slade am Schlagzeug die nächste Runde einläutet. Es ist ein heroischer Kampf, voller Schmerzen und Pathos, und erst wenn am Ende die Kanonen knallen, ihnen zu Ehren, erst dann ist alles gut. For those about to Rock, we salute you! Amen, verdammt noch mal.

Es wird noch eine lange Nacht an diesem 21. Juli 2015. Wir stehen anschließend dreieinhalb Stunden in unserem Parkhaus im Stau, weil Hannover zwar ein Messegelände hat, das 75 000 Menschen fassen kann, aber nur eine Straße, die von dort wegführt. Wir sind gegen sechs Uhr früh zu Hause, ich zwinge mich um zehn aus dem Bett, weil ich bis zum Mittag die versprochene Konzertkritik abliefern muss. Beim Schreiben blitzen immer wieder ältere Erinnerungen auf. An mein erstes AC/DC-Konzert im Niedersachsenstadion Hannover zum Beispiel. Es ist der 31. August 1991, wie mir die gut geführte »Tour History« auf der offiziellen Website verrät. Metallica, Mötley Crüe, Queensrÿche und Black Crowes spielen vor ihnen, wir sind mit großem Anhang da, die Sonne scheint, und AC/DC haben mit *The Razors Edge* seit Jahren mal wieder ein durchgängig gutes Album aufgenommen. Bei »Money Talks« regnet es AC/DC-Dollars, wie sie die in die Luft bekommen haben, ist uns ein Rätsel. Unser Nachbar im Pulk hat sich schon einige Scheine gesichert und tanzt vor uns herum, um nach weiteren zu grabschen. Wir sehen ihn mitleidig an. Er missdeutet unseren Gesichtsausdruck offensichtlich als Bedauern darüber, dass er uns alles wegschnappt, und lächelt kleinlaut. »Oh, Tschuldigung«, schreit er gegen den Chorus an und zählt meiner Freundin zwei Dollarscheine in die Hand. Wir sind so gerührt von der Geste, dass wir sie bis heute aufgehoben haben. Doch zeigt sich uns die schlichte Größe dieser Band auch noch an diesem Abend. Bei »Let There Be Rock«, dem letzten Stück vor der Zugabe, peitscht Malcolm noch einmal seine Herde voran, und Angus reitet auf den Schultern eines Roadies durch die Menge. Da plötzlich, vermutlich hat er sich zu weit von der Bühne entfernt und die Reichweite des Senders überschritten, fällt die Sologitarre aus. Was dann folgt, ist schwer in Worte zu fassen, wie immer, wenn man einer Epiphanie teilhaftig wird. Malcolm Young sieht nicht mal auf, geschweige denn vor Überraschung seine Mitmusiker an. Angus Youngs Leadgitarre ist mausetot, gibt kein Geräusch mehr von sich, aber Bruder Malcolm schlägt weiter seine Akkorde. Er wird nicht schneller, nicht langsamer, gibt keine einzige Note, keine einzige rhythmische Variante dazu und lässt auch nichts weg. Er schlägt einfach seine Akkorde. Und schlägt. Und schlägt. Minutenlang ist nur diese eine sattsam bekannte Riff-Figur zu bestaunen. Das reicht vollkommen aus, das Publikum explodiert. Malcolm sieht immer noch nicht auf, aber eine überirdische Lumineszenz umspielt ihn und seine abgerockte 1963er Gretsch Jet Firebird, ein Heiligenscheinchen, das möglicherweise dem gewieften Lichtmixer zu verdanken ist – und dessen irgendwie metaphysische Qualität trotzdem außer Frage steht. Kein Angus-Solo hätte diese konzentrierte rohe Durchschlagskraft haben können. Und genau das ist die Essenz von AC/DC, und 60 000 Menschen wissen es und preisen Malcolm dafür.

Noch so ein Film ... Wir fahren gegen Mitternacht los in die gut eine Autostunde entfernte Hannover'sche Metalkaschemme Deutz, um uns ein paar Stunden zur Krawallmusik die Beine in den Bauch zu stehen. Dort wartet schon ein naturgelockter Mensch in Jeansweste auf uns, dessen Brusttasche verräterisch ausgebeult ist. »Lockenbürste«, dachten wir anfangs, aber wir hatten ja keine Ahnung. Er ist immer schon da, wenn wir kommen, steht mit seiner Entourage in der gegenüberliegenden Ringecke, guckt mürrisch und versenkt, was nur reingeht – ein sympathischer Typ. Er wartet geduldig, bis seine Zeit kommt, und sie kommt jedes Mal. Denn wenn sich der DJ genügend Sprüche angehört hat, wird er doch noch weich und spielt AC/DC, und Locke verwandelte sich vor unseren Augen. Sein erster Griff geht zum Fetisch in der Westentasche. Ja, jetzt sehen wir, was er da über seinem Herzen trägt, ein feingedrechseltes Mikrophon aus Holz. Der beauftragte Tischler versteht etwas von seinem Job, hervorragende Handarbeit, die Locke die Kraft gibt für eine wahrhaftige Metamorphose. Mimisch, gestisch voll auf der Höhe und textsicher nicht nur beim kanonischen »Hells Bells«, sondern auch bei so einem eher versteckten Schätzchen wie »Burnin' Alive«, steht er auf einmal im Kreis johlender Fans, die nur auf diesen Moment ge-

**Höher, schneller, weiter**

Die meisten Konzerte in einem Jahr spielten AC/DC 1976: 173 Shows. Bis heute sind es insgesamt etwa 2800.
Mit 200 Millionen verkauften Alben gehören sie – neben Led Zeppelin – zu den mit Abstand meist verkaufenden Hard-Rock-Acts.
Allein um 60 Millionen Exemplare von *Back in Black* gingen über den Ladentisch, damit ist es das zweitmeistverkaufte Studioalbum in der Popgeschichte.
Es braucht nur 12 Minuten, am 10. Oktober 2008, um die Deutschland-Konzerte der *Black Ice*-Tour auszuverkaufen.
Mit geschätzten 76,5 Millionen Dollar Einnahmen im Jahr sind AC/DC laut dem US-Business-Magazin *Forbes* die finanziell erfolgreichste Rockband 2016, noch vor den Rolling Stones, Bruce Springsteen, Paul McCartney und U2.

In den Top 250 der besten Gitarristen, die der *Rolling Stone* gekürt hat, landet Angus Young auf Platz 38.

wartet haben, und verwandelt sich in Brian Johnson. Es ist Magie. Reine schwarze, bocksfüßige Magie. Der Sänger ist ein Spiegel meines dreizehnjährigen Ichs, das auf der Klassenparty der 6d zum ersten Mal »T. N. T.« grölt und tags darauf in einer Deutschstunde mit Kugelschreiber den AC/DC-Schriftzug auf die Federmappe kalligraphiert, immer noch ganz erfüllt von diesem Abend. Angus' einpeitschende »Oi«-Rufe überreden uns zum Mitgrölen, und dann kommt auch bald der Refrain, der alles klar macht. »'Cause I'm T. N. T. I'm dynamite / T. N. T. and I'll win the fight / T. N. T. I'm a power load / T. N. T. watch me explode«. Was ich davon wirklich verstehe, spielt keine Rolle, denn der Song stärkt mir den Rücken gegen was auch immer, nimmt mir für Momente meine präpotente Unsicherheit, möbelt mein Ego auf wie sonst nur ein Superhelden-Comic. Er macht das mit einem ganz einfachen Trick: Er suggeriert mir und allen anderen, wir könnten so sein wie sie. Einfach so, indem wir das »Oi« mitgrölen. Wir verwandeln uns in Dynamit und gewinnen den Kampf.

All das und noch mehr fällt mir wieder ein, als ich müde und mit dröhnendem Schädel, ein Echo des Urknalls vom Abend zuvor, am Bildschirm sitze und dieses Phänomen auf zwei, drei Seiten einzukreisen versuche und natürlich daran scheitere und dann überlege, dass dafür vermutlich nicht mal hundert Seiten reichen würden. Versuchen muss man es natürlich trotzdem.

## Dirty, mean and mighty unclean – die Anfänge down under

Man schreibt die frühen 1960er Jahre. In der tristen Glasgower Proletensiedlung Cranhill träumt sich die Familie Young ins Eldorado. Australien, die ehemalige englische Strafkolonie, braucht frische Arbeiter für den Wirtschaftsaufschwung und lockt mit Einwandererprämien. Die Youngs hält in England nichts mehr.

In Sydney wohnen sie zunächst in einem Immigrantenwohnheim, danach in einer Blechhütte. Das Wetter ist besser hier unten, aber sonst nicht viel. Immerhin gibt es Arbeit, und die wird anständig bezahlt. Das eherne protestantische Ethos, mit dem die Eltern und größeren Geschwister aus dem falschen Paradies so etwas wie ein Zuhause machen, bekommen die beiden Brüder Malcolm und Angus früh eingebimst – und nicht minder die Sehnsucht, dem Malocherschicksal des Vaters zu entgehen.

Ihr älterer Bruder George schafft den Absprung. Als Gitarrist der Easybeats versucht er sich an einer Känguru-Version der Beatles und hat damit sofort Erfolg: Australien im »Easyfever«. Mit »Friday on My Mind« landen sie 1966 sogar einen Welthit, als erste Band von dort unten. Ein gutes Vorbild.

Malcolm, zwei Jahre älter als Angus, gründet zuerst eine Band, eine Glam-Rock-Truppe mit dem eigentlich schon vergebenen Namen Velvet Underground. Angus darf nicht mitspielen. Die beiden konkurrieren in der Familie, streiten sich oft, auch handgreiflich. Mit seiner eigenen Band Kantuckee tritt der irgendwann im Vorprogramm des Älteren auf – und die respektlose Art, mit der er Songs von Deep Purple, Mountain und Hendrix zerlegt, macht Eindruck auf Malcolm.

Sein kurioses Bühnenacting, das den totalen Kontrollverlust inszeniert und bis heute jedem Auftritt eine Art Choreographie verleiht, macht die Band in den Clubs seiner Heimatstadt bekannt. Als Angus einmal lang hinschlägt, wird auch das zur Showeinlage. Er windet sich wild auskeilend auf dem Boden herum, als stünde er unter Strom. Das merkt er sich. Auf der Bühne gibt es keine Missgeschicke.

Es scheint, als hätte Malcolm nur die Volljährigkeit seines Bruders abgewartet, um doch noch mit ihm gemeinsame Sache zu machen. Obwohl der technisch versiertere Gitarrist, überlässt er Angus bald die Solistennummer. »Mach du das – mich stört's nur beim Saufen«, soll er gesagt haben. Für Larry Van Kriedt, einen anderen Mitstreiter aus den Anfangstagen, ist mehr dran. Malcolm habe den Song im Blick gehabt, glaubt Van Kriedt. »Er sagte mal, er wäre gern derjenige, der mit seiner Gitarre alles zusammenhält.«

Sie sehen das Kürzel auf der Nähmaschine der Schwester und benennen ihre neue Band kurzerhand nach dem Strom, der ihre Verstärker zum Laufen bringt. Die Namensfindung offenbart bereits vieles von dem, was die Band später auszeichnen wird – Instinkt, schlichte Genialität und eine leicht verruchte Uneindeutigkeit. Denn in den Schwulenbars der Stadt ist AC/DC der Code für Bisexualität. Am Anfang ihrer Karriere spielen sie gelegentlich in solchen Etablissements und haben Spaß dabei.

Malcolm Young passt auch optisch ganz gut in dieses Ambiente mit seinen auftoupierten Haaren und den Plateaustiefeln. Das sind die letzten Relikte seiner Glam-Vergangenheit, denn ihre Musik ist jetzt sehr viel reduzierter und rüder. Sie gehen zurück zu den Wurzeln und fangen noch einmal von vorne an. Mit wildem, plebejischem Blues Rock. Mal liegt die Betonung auf der ersten, meistens auf der zweiten Silbe. Ihr offizielles Live-Debüt im Chequers Club, Sydney, Silvester 1973, bestreiten sie mit Coverversionen von Chuck Berry, The Rolling Stones, Little Richard und Big Joe Williams, aber auch bereits mit ein paar Eigenkompositionen wie »Soul Stripper«, »Rock'n'Roll Singer« und »Can I Sit Next to You Girl«, die allesamt bald auf Platte erscheinen.

Vorher muss aber noch der Sänger weg. Dave Evans kann sich auf der Bühne nicht durchsetzen gegen das Gitarrenpfund, klagt ständig über Halsschmerzen und schont sich, wann immer es geht. So kann Malcolm nicht arbeiten. Die Australien-Tour im Vorprogramm von Lou Reed im Sommer 1974 zeigt, in welch kurzer Zeit sie sich professionalisiert und in der Szene etabliert haben. Evans darf sie noch mitmachen, danach kommt mit Bon Scott ein adäquater Sänger in die Band, dessen Stimme auch von vollaufgedrehten Marshalls nicht kaputtzukriegen ist.

Ronald Belford Scott (geb. 9. Juli 1946) ist schottischer Immigrant wie die Young-Brüder. Er ist gerade mal sechs Jahre alt, als die Scotts nach Australien auswandern. Zunächst lassen sie sich in Melbourne nieder, nach einigen Umzügen landen sie 1956 in der Hafenstadt Fremantle bei Perth. Sein Vater spielt in einer Dudelsackkapelle, Bon schließt sich dem Trupp als Schlagzeuger an und zeigt auf diesem Instrument durchaus Talent. Nur Dudelsack spielen lernt er nicht. Als AC/DC später den Song »It's a Long Way to the Top« vom Debütalbum mit einem Dudelsacksolo ironisch aufhübschen wollen, muss er das Instrument neu lernen, stellt sich dabei aber gar nicht so blöd an. Blockflöte, immerhin, kann er schon, auch auf der Bühne. Kein leichtes Unterfangen, wie er selbst zugibt, es fühlt sich für ihn stets an, als ob man »mit einem Oktopus Liebe macht«.

Wegen seines starken schottischen Akzents wird Bon in der Schule als »Ronnie Bonnie« gehänselt, kann sich aber mit seiner Schlagfertigkeit, sowohl verbal als auch körperlich, durchsetzen. Er geht früh von der Schule ab, hält sich mit Gelegenheitsarbeiten über Wasser und gerät fast auf die schiefe Bahn. Nach einer der üblichen Schlägereien flüchtet er vor der eintreffenden Polizei mit dem ›geliehenen‹ Auto eines ›Freundes‹ und fährt für neun Monate ins Jugendgefängnis Riverbank ein. Hatte er zuvor schon versucht, in der lokalen Muckerszene Fuß zu fassen, macht er jetzt ernst. Der Rock'n'Roll absorbiert seine rebellische Energie.

Gleich seine erste Band The Spektors, eine reine Covertruppe, die sich an den Stones und Beatles abarbeitet, avanciert zu einer Lokalgröße. Scott bekleidet den Posten des Schlagzeugers und gelegentlichen Sängers. Nach diversen Häutungsphasen nennen sie sich Valentines, erweitern ihr Programm um US-Soul und machen 1967 den Opener für die Easybeats. George Young erkennt sofort deren Talent, arbeitet zu dieser Zeit bereits als Produzent und greift ihnen jetzt regelmäßig unter die Arme. Sie nehmen einige Singles auf, und nach ersten Achtungserfolgen landet die Vanda/Young-Komposition

»My Old Man's a Groovy Old Man« in allen Hitparaden. Die Band tritt in schmucken Showanzügen auf und pflegt ein ihrem Mainstream-Pop gemäßes Saubermann-Image, lässt aber hinter der Bühne nichts anbrennen: Vor allem Scott gibt nach der Show das Rock'n'Roll Animal. Nach einer Razzia im Übungsraum werden sie wegen Marihuanabesitzes verhaftet. Jetzt müssen sie eine Weile kürzertreten, und das sorgt für Spannungen in der Band. Als dann auch noch die nächste Single floppt, sind die Valentines Geschichte, und Scott schließt sich 1970 der progressiven Folk-Rock-Band Fraternity an.

Ein weiterer Professionalisierungsschritt, denn Fraternity können wirklich spielen und sind »auf dem direkten Weg, die größte Rockgruppe Australiens zu werden«, so zumindest der *Sunday Mirror*. Ihr reicher Gönner und Manager Hamish Henry bezahlt ihnen ein Refugium auf dem Land, wo sie wie The Band in einer Musikerkommune leben und in Ruhe Musik machen können. Er knüpft den Kontakt zum RCA-Label und bringt sie ins Vorprogramm von Jerry Lee Lewis, dem »Killer«, der in Bon Scott einen kleinen Bruder im Geiste erkennt und ständig mit ihm um die Häuser zieht. Von ihm bekommt Bon jetzt die letzten Feinheiten des Rock-Hedonismus beigebogen.

Australien haben Fraternity in der Tasche, aber als der internationale Durchbruch ausbleibt, setzen sie alles auf eine Karte und ziehen nach London. Sie spielen überall, wo man sie lässt, touren sogar durch Deutschland und ändern ihren Namen in Fang um, aber es reicht nicht. In England hat keiner auf sie gewartet, Glam Rock ist der heiße Scheiß. Folglich akquirieren sie zu wenig Auftritte, um von den Einnahmen auch nur irgendwie überleben zu können, und müssen Brotjobs annehmen. Bon Scott näht tagsüber Perücken. Das drückt schon bald die Stimmung innerhalb der Band, und natürlich ist der Manager schuld, und als Henry den Bettel genervt hinschmeißt, kehren sie Ende 1973 desillusioniert und pleite nach Australien zurück.

Es kommt in England jedoch zu einem beinahe magischen Zusammentreffen: In der Küstenstadt Torquay eröffnen Bon Scott und Co. an zwei Abenden die Show für die gerade Fahrt aufnehmenden Rocker von Geordie mit einem gewissen Brian Johnson am Mikro. Die beiden verstehen sich auf Anhieb, verlieren sich dann zwar wieder aus den Augen, aber Bon Scott erzählt später so euphorisch von dieser Begegnung, als hätte er bereits damals gewusst, dass hier etwas Geschichtsträchtiges geschehen ist.

Fang wollen in Adelaide einen Neuanfang wagen, aber Scott hält Ausschau nach etwas anderem. Er tritt gelegentlich als Gast von Lobby Loyde and the Coloured Balls auf, einer lauten Kloppertruppe, die sich live wie die Droogs aus Stanley Kubricks *Clockwork Orange* kleiden. Und hier spürt Scott vielleicht zum ersten Mal, dass er zu Härterem berufen ist. Er hat enormen Spaß auf der Bühne, und seine Stimme ist wie gemacht für diese Musik. Dann setzt er sich nach einem Streit mit seiner Frau Irene aufs Motorrad und verunglückt. Der Unfall kostet ihn fast das Leben und setzt ihn wochenlang außer Gefecht. Vielleicht ist es auch diese existentielle Atempause, die ihn zum Nachdenken bringt. Wenn er musikalisch noch etwas Größeres auf die Beine stellen will, dann muss er unbedingt jetzt etwas ändern.

Ein alter Valentines-Kumpel, der mittlerweile als Manager und Konzertveranstalter arbeitet, erzählt ihm von dieser jungen, durchgeknallten Band aus Sydney. Er weiß um die Unzufriedenheit der Youngs mit ihrem Sänger und spielt den Kuppler. Offiziell engagiert er Scott als Fahrer und Guide für AC/DC während ihres Aufenthalts in Adelaide, doch eigentlich geht es darum, Bon Scott in die Band zu schleusen. Der lässt dann auch seinen ganzen Gossencharme spielen, vor allem als er gesehen hat, was die Band auf der Bühne zu leisten imstande ist. Der Altersunterschied von acht bzw. zehn Jahren gegenüber Malcolm und Angus schreckt beide Seiten zunächst ab, aber als ›der alte Mann‹ die beiden Youngs nach einem Gig in den Übungskeller seiner Band lotst und beim gemeinsamen Jam zeigt, was er gesanglich in die Waagschale werfen kann, hat er den Job.

Der Altersunterschied zwischen ihm und den Youngs entpuppt sich als Glücksfall. Scott hat viel mehr Bühnenerfahrung als sie, er ist abgebrüht und souverän, er war bereits die kommende Nummer 1 in Australien, profitiert aber ebenfalls von seinen neuen Mitstreitern. Und er weiß das ganz gut einzuschätzen, auch wenn ehemalige Musikerkollegen ihm vorwerfen, er habe sich bei dieser jungen Chaotentruppe weit unter Wert verkauft. »Immer wenn ich sang, klang es irgendwie gezwungen«, zitiert ihn Biograph Martin Huxley:

> Als ich dann zu AC/DC kam, hieß es, ich solle einfach nur so singen wie ich selbst. So konnte ich endlich tun, was ich schon immer wollte. Ich dachte, du gehst jetzt einfach raus auf die Bühne, und je schmutziger du klingst, desto mehr werden dich die Leute lieben. Also ging ich ans Mikrofon und schrie mir die Seele aus dem Leib.

Zwei Seelen schlafen, ach, in seiner Brust. Zum einen der rabaukenhafte Rocker, der keine Gefangenen macht, zum anderen der liebenswerte, bescheidene und stets loyale Gentleman.

Der erste Song, den die Youngs und Bon Scott zusammen verfassen, ist der knochentrockene Stampf-Rocker »She's Got Balls«. Endlich kann Scott seine charmant-ironische Toilettenpoesie unterbringen (so bezeichnet er seine Lyrics gerne, für die Fraternity einfach zu steif und erwachsen waren). »She's Got Balls« (»Sie hat Eier«, mit anderen Worten »Mumm«) ist eine Art Liebeserklärung an seine Ex-Frau Irene. Gleich nach dem desaströsen England-Intermezzo gehen sie getrennt Wege. Scott ruft ihr ein paar freundliche Anzüglichkeiten hinterher, die zeigen sollen, dass nicht sie schuld ist an der Trennung. »She's got style, that woman / Makes me smile, that woman / She's got spunk, that woman / Funk, that woman / She's got speed, my lady / Got what I need, my baby / She's got the ability, hey / To make a man out of me / But most important of all / Let me tell you / The lady's got balls / She's got balls...«

Bon Scott ist ein Freundschaftstalent, und zwar auch deshalb, weil seine Großherzigkeit kein Kalkül kennt. Er kann sogar einen anderen Showtypen neben sich dulden, wenn es der musikalischen Wahrheitsfindung dient. Er und Angus teilen jetzt die Fans unter sich auf. Angus' Epileptiker-Nummer, neuerdings in Schuluniform, fasziniert den maskulinen Teil des Publikums, die Mädchen stehen auf Bon, der wilde Versprechungen macht – und ein paar davon auch tatsächlich hält. »Saw ya in the front row / Movin' to the beat / Just movin' and groovin' / Killed me when I saw / The wet patch on your seat / Was it Coca Cola? / Oh baby, I hope you liked the show / When the band said goodnight / I had to say hello«, greint er in »Little Lover«. Man hört ihm das schmierige Grinsen an, doch könnte er es auch jederzeit ernst meinen. Und das ist eben das Großartige an diesen ironisch angeschrägten, in ihrer Zweideutigkeit unmissverständlichen, gelegentlich sogar ganz komischen Lyrics – man nimmt sie ihm ab.

Viel Zeit haben sie nicht, sich aneinander zu gewöhnen. AC/DC stehen kurz vor ihrem ersten längeren Studiotermin, und um sich dafür warmzuspielen, geht es ab Oktober 1974 erst mal wieder auf eine mehrwöchige Konzertreise durch die Clubs von Adelaide, Melbourne, Sydney, Perth etc. Sie fahren weite Strecken, so ist das nun mal in Australien, das schweißt sie als Band zusammen. Und mit Bon Scott als weiterer Frontsau neben Angus wird bald klar, dass sie es wirklich schaffen können. Im Hordern Pavillon in Sydney spielen sie vor Black Sabbath – und »wischen mit ihnen den Boden auf«, wie sich ein Fan später erinnert. Das ist das Publikum, das die Band eigentlich erreichen will.

Endgültig ins Profilager wechseln AC/DC, als sich Michael Browning um ihre geschäftlichen Belange kümmert. Dennis Laughlin war ihr erster Manager geworden, weil er unbedingt in der Band sein wollte, aber kein Instrument spielen konnte. Er übernahm die Rolle des Faktotums und stieg auch schon mal als Ersatzmann auf die Bühne, wenn Sänger Dave Evans mal wieder unpässlich war.

Browning dagegen ist ein Manager, der den Namen verdient. Ihm gehört das Hard Rock Café in Sydney, und er hat die ehemalige Beat-Truppe Billy Thorpe and the Aztecs zu einem der beliebtesten Hard-Rock-Acts des Landes gemacht. George Young, ihr Bruder und Mentor, trifft sich mit ihm und sieht sofort, dass er einen Plan verfolgt – nämlich AC/DC als zweite Band nach den Easybeats auch außerhalb Australiens zu etablieren.

Er bekommt den Job. Und macht ernst. Zu seinen ersten Amtshandlungen gehört es, ihre Schulden zu übernehmen, eine schlagkräftige Roadcrew zusammenzustellen und das Hauptquartier der Band von Sydney nach Melbourne zu verlegen. Da spielt die Musik, und da hat ihr Label Albert seine Studios, in denen sie an zehn Tagen im November ihr erstes Album aufnehmen. Immer dann, wenn gerade Zeit ist, also »zwischen unseren Auftritten, nach den Konzerten, die ganze Nacht durch und bis weit in den nächsten Tag hinein«, wie Angus sich später erinnert.

Anfang 1975 erscheint ihr Australien-Debüt *High Voltage*, produziert von George Young und Harry Vanda, seinem Songwriting-Partner bei den Easybeats. Das erfolgreiche Recording-Duo betreut auch die nächsten Alben und warnt sie nachdrücklich davor, ihren Fehler zu wiederholen und auf die kommerziellen Änderungswünsche der Plattenfirma einzugehen. Das nimmt sich Malcolm zu Herzen. Anders als so viele erfolgreiche Acts aus dem Hard-&-Heavy-Genre wie Van Halen, Saxon, Judas Priest, um nur ein paar wenige zu nennen, die zum Unwillen der Puristen für eine Weile dem Geist der Zeit hinterherlaufen, wird sich der Sound seiner Band nie mehr verändern. AC/DC nehmen stets das gleiche Album auf. Dem australischen Magazin *Juke* erklärt Malcolm Young viel später sein schlichtes musikalisches Credo. »Man kommt ja sowieso wieder zum Ausgangspunkt zurück, also warum sollte man überhaupt erst nach sonstwohin aufbrechen?«

AC/DC brauchen auch keine Warmlaufphase, sind gleich voll da. Allenfalls stellen sie auf *High Voltage* noch etwas deutlicher als auf ihren späteren Alben die Tradition aus, die sie beerben wollen – mit dem forsch federnden Boogie »Show Busi-

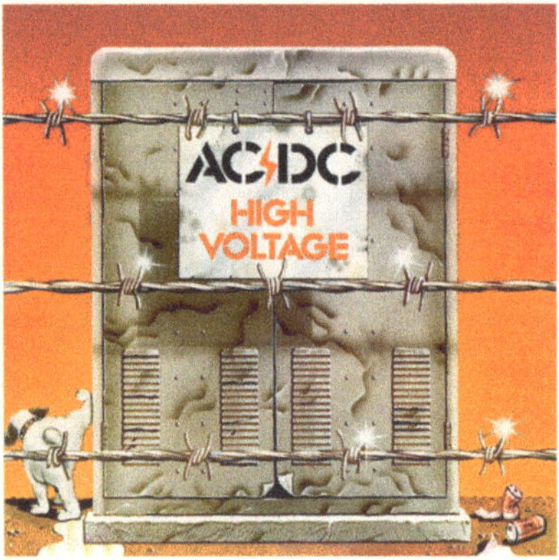


Das australische Debüt

ness« zum Beispiel, dem langsamen, ironisch geifernden Shuffle »Little Lover« und nicht zuletzt dem Big-Joe-Williams-Klassiker »Baby, Please Don't Go«, der das Album eröffnet und der gleich auch vorführt, was sie unter Traditionspflege verstehen. Die australische Variante nämlich: Sie stecken den Song noch einmal tief in die Esse zurück, bis das Eisen rot glüht, und dengeln ihn danach mit vereinter Kraft in eine für sie handhabbare Form. Ihre rüde, hypernervöse Version lässt keinen Zweifel daran, dass es sich hier im Grunde um einen AC/DC-Song handelt. Das wusste der nur noch nicht. Allerdings gibt es auch schon die bis auf die Knochen abgespeckten, trocken-perkussiven Riffer »She's Got Balls«, »Stick Around« oder »You Ain't Got a Hold on Me«. Hier zeigt sich bereits unmissverständlich ihr Reduktionskonzept, und gleichzeitig liefert jeder einzelne Song einen Beweis dafür, dass die offensive Simplizität nicht mangelnder musikalischer und instrumentaler Kenntnis geschuldet ist, sondern Kalkül oder, wenn man so will, ästhetische Notwendigkeit. Sie wollen ihre Songs so einfach wie am Anfang, als der Rock'n'Roll jung, naiv und wild war und sich noch nicht zur Kunst sublimiert hatte, und man muss schon genauer hinhören, um die groben Feinheiten zu bemerken, etwa die beinahe schon latinesken Percussions, die den ruppigen Blues Rocker »Soul Stripper« lasziv zum Schwingen bringen. Oder das musicalhafte Gitarrenvorspiel von »Love Song (Oh Jene)«, das dieses feiste, auch von Bon entsprechend süßlich inszenierte Melodram mit so großer Geste vorwegnimmt, als wäre man in einem Queen-Song. Gelegentlich raunen Musikhistoriker von einem Glam-Rock-Einfluss bei ihrem Debüt, vielleicht weil Bon Scott Gary Glitter einmal namentlich erwähnt und Angus, bevor er sich auf den Schulbuben festlegt, gelegentlich auch als Zorro, Gorilla oder Supermans kleiner Bruder Superang aufgetreten ist. Wenn überhaupt, dann könnte man diesem Song einen gewissen Glam-Einfluss attestieren.

Spätere Alben haben ihr Debüt, das zudem nur in Australien erschienen ist, lautstark übertönt, aber für die Addicts bleibt es auch deshalb wichtig, weil sie hier einige der wenigen Gelegenheiten haben, Malcolm Young als Leadgitarristen zu hören, etwa bei »Soul Stripper« und »Show Business«, wo sich die Gitarrenbruderschaft mit geschmackvollen Licks duelliert, aber auch im gar nicht unebenen Solo von »Little Lover«. Dass ihre Rhythmusgruppe, bestehend aus Rob Bailey am Bass und Peter Clack am Schlagzeug, nicht mehr lange dabei sein würde, macht der Studioaufenthalt dann allerdings auch klar. Die Youngs vertrauen ihnen nicht. George Young übernimmt bei zwei Songs den Bass, wie er es früher aushilfsweise auch auf der Bühne getan hatte, und die Drum Tracks lässt man gleich vom Session-Musiker Tony Currenti einspielen (bei »Little

Phil Rudd (geb. 19. Mai 1954) ist ein alter Bekannter. Er gehört zu den Gründungsmitgliedern der Coloured Balls, die mit dem australischen Gitarrenhelden Lobby Loyde und dem Sänger Gary »Angry« Anderson in der Clubszene Eindruck machten. Nicht nur bei Bon Scott. Weil die Coloured Balls gute Beziehungen zu den gewalttätigen Sharpies unterhalten, untereinander rivalisierenden Melbourner Gangs, die eine Schneise der Verwüstung hinter sich herziehen, werden sie von den Clubbetreibern nicht mehr gebucht. Folglich benennen sie sich eher gezwungenermaßen um in Buster Brown und nehmen unter diesem Namen schon ein Jahr vor AC/DC ein Album auf. Mit ihrem harten Debüt *Something to Say* und der eingängigen Single »Buster Brown« sind sie wieder gut im Geschäft und spielen auch häufiger mit AC/DC. Rudd sieht sehr klar, wer hier wen abhängt, und bekundet sofort Interesse, als die Youngs nach einem Drummer suchen. Der anschließende Jam mit einigen Standards und Songs vom demnächst erscheinenden Album ist kaum mehr als eine Formalie. Sie passen zusammen. Rudd muss man nicht erst sagen, dass er gerade und schnörkellos spielen soll, denn das ist Teil seiner musikalischen DNA. »Einmal sagte jemand, dass ich so spiele, wie es sich jeder Schuljunge wünscht«, erklärt er gegenüber dem Magazin *Musician.* »Ich weiß zwar nicht exakt, was das bedeutet, stimme dem aber zu. Es ist eine Art, mit dem Fuß zum Takt zu klopfen. Ich bin da nicht draußen, um die Leute zu beeindrucken. Ich geh da raus, um meinen Job zu erledigen.«

Lover« ist mit John Proud vermutlich sogar noch ein dritter Schlagzeuger zu hören). Clack darf nur »Baby, Please Don't Go« eintrommeln, macht das aber immerhin recht überzeugend.

Und so sind im Frühjahr 1975, da steht das Album gerade in den Läden, zwei neue Leute in der Band. Mit Phil Rudd, diesem unerschütterlichen, den Beat leicht verbummelnden Asketen, und Mark Evans am Bass bekommen sie endlich die Standfestigkeit, die sich die drei an der Bühnenfront wünschen. Evans ist eigentlich Gitarrist, hört aber von einem befreundeten AC/DC-Roadie, dass die Position des Bassisten vakant ist. Eine Weile übernimmt Malcolm Young live den Bass, und sie treten als Quartett auf, aber der will zurück zu seiner Gretsch: Also bekommt Evans den Job und bleibt immerhin für vier Alben.

Nach dem Erscheinen ihres Debüts nehmen AC/DC alles mit, was sich ihnen bietet, spielen in jeder Kaschemme, auf jeder Lastwagenladefläche – und bei ihren Schauwerten dauert es nicht lange, bis das Fernsehen auf sie aufmerksam wird. In der überaus einflussreichen Melbourner Musikshow *Countdown* sind sie bald Stammgäste und gehören mit fast 40 Auftritten in den nächsten beiden Jahren zu den am häufigsten gebuchten Acts. Vor allem Angus und Bon benehmen sich versaut genug, dass besorgte Eltern und Kirchenvertreter Alarm schlagen.

Weil sich immer mehr weibliche Teenies für sie interessieren, wirft sich der Sänger in der Sendung vom 23. März 1975, passend zur blauen Schuluniform seines Gitarristen, in ein Schulkleidchen und zieht mit Rouge, Lippenstift und Zopfperücke eine alberne Travestie-Nummer ab, um die Single-Auskopplung »Baby, Please Don't Go« adäquat zu präsentieren.

Auch dank solcher Aktionen erreicht das Album Silber,

Gold und schließlich Platin, und innerhalb kürzester Zeit entwickelt sich eine veritable AC/DC-Mania down under. Kids kreischen gegen Marshalls an und gewinnen das Spiel. Ende August 1975 wird die Band gebucht, um in der Damenabteilung eines Warenhauses für Kaufanreize zu sorgen. Es wirkt. Angeblich kommen 6000 weibliche Kunden, die das Konzert schon nach zwei Songs aufmischen. Es soll sogar zu Plünderungen gekommen sein. Die Band verschanzt sich in der Umkleide und tritt den ungeordneten Rückzug an.

Inzwischen waren AC/DC erneut im Studio, um gewissermaßen nachträglich den Titelsong ihres ersten Albums aufzunehmen. Das Etikett *High Voltage* hat die Band so angefixt, dass sie einen gleichnamigen Song hinterherschieben wollen. Chris Gilbey, ihr A&R-Manager bei Albert, schüttelt zunächst den Kopf über diese Idee, aber die Single überzeugt ihn dann doch. Zum Glück: Sie läuft in allen wichtigen Radiosendern im Land auf heavy rotation und schiebt damit auch noch einmal den LP-Verkauf ordentlich an, obwohl sich der Song ja gar nicht auf dem Album befindet.

Unterdessen spielen sie ihr zweites Australien-Album ein. *T. N. T.* entsteht im Juli 1975 im neuen Tonstudio ihres Labels, einmal mehr in Zusammenarbeit mit dem Produzentengespann Vanda/Young.

Inhaltlich beschreibt Bon Scott hier auf seine ureigene schmuddelig-sarkastische Weise, wie man es anstellt und wie es sich anfühlt, in einer Rockband zu spielen. Im Opener »It's a Long Way to the Top (If You Wanna Rock'n'Roll)« lässt Bon Scott zunächst mal eine eindringliche Warnung vom Stapel, indem er die zu erwartenden Schwierigkeiten auf der langen Straße zum Erfolg benennt. »I tell you, folks / It's harder than it looks«. Danach beschreibt er seine eigene Genese zum »Rock'n'Roll Singer«, die in erster Linie Rebellentum voraussetzt. Man pfeift auf die elterlichen Karrierewünsche und auch auf bürgerliche Moralvorstellungen (»cause it's all a dirty lie«), schmeißt stattdessen die Schule, lässt die Haare wachsen und kauft sich eine Gitarre. So geht das!

Bevor er in »Live Wire«, »T. N. T.« und »Rocker« den idealtypischen Rockstar skizziert und sich ganz unbescheiden selbst damit meint, wirft er in der etwas eintönigen Bluesnummer »The Jack« erst noch mal einen Blick auf die Schattenseiten des promiskuitiven Lebenswandels als Musiker – Geschlechtskrankheiten. Und man könnte fast meinen, die repetitive Struktur des Songs hätte symbolische Bedeutung, denn der Groupieschwarm Bon Scott litt tatsächlich öfters unter solchen Infekten.

Schließlich kommt die große und zugleich sehr schlichte Selbstanalyse »High Voltage«: »Well you ask me 'bout the clothes I wear / And you ask me why I grow my hair / And you ask me why I'm in a band«, referiert er die Fragen der anderen, warum er das alles auf sich nimmt – natürlich wegen der damit verbunden Annehmlichkeiten, der »kicks« und »one night stands«. Die Hauptsache ist allerdings immer noch – »high voltage rock'n'roll«. Eine klassische Tautologie. Warum spielst du so gerne in einer Rockband? Ja, weil wir da Rock'n'Roll spielen! Näher kann man dem Faszinosum offenbar nicht kommen.

Für Mitproduzent Harry Vanda ist *T. N. T.* das erste Album, »an dem sich die Identität der Band vollständig ablesen lässt«. Zumindest merkt man ihr nicht nur textlich ihr gewonnenes Selbstbewusstsein an. Sie wissen jetzt, dass sie Songs schreiben können, die nicht nur einen Club, eine Halle oder eine

Kaufhaus-Damenabteilung in Aufregung versetzen, sondern auch im Radio gespielt werden. Überdies hat der Erfolg ihrer letzten Single bewiesen, dass sie nicht einmal Konzessionen an die Sender machen müssen. Also machen sie keine. *T. N. T.* ist für die Zeit enorm hart produziert und enthält mit »Live Wire«, »T. N. T.«, »The Jack« und »High Voltage« diverse zeitlose Band-Klassiker, die auf der Bühne bis heute zum Einsatz kommen.

AC/DC spielen tight, auf den Punkt und verzichten, abgesehen von Bons Dudelsack-Solo bei »It's a Long Way to the Top«, auf jegliche Mätzchen. Das lenkt die Aufmerksamkeit auf das Wesentliche, als da wäre: das enorm effiziente Riffing, bei dem die Lücken und weggelassenen Töne mindestens so wichtig sind wie die gespielten; das trickreiche Zusammenspiel und die konzise Verzahnung von Lead- und Rhythmusgitarre; die pulsierende, fast wie ein Organismus atmende Rhythmusgruppe; und schließlich das virile, stets etwas räudige Shouting des Proll-Charismatikers Bon Scott, das seine sexistische Latrinenlyrik auf mehr als angemessene Weise inszeniert.

Der Dichter nimmt seine Texte sehr ernst. Während die Band dabei ist, die Basistracks aufs Band zu schrubben, verzieht sich Scott mit seinem Notizbuch und einer Flasche Ginger Wine in die Studioküche und feilt bis zum letzten Moment. Ein Song wie *T. N. T.* besticht eben nicht nur durch seinen hypnotischen Riff, das anfeuernde Gang-Gebell (»Oi«), sondern auch durch die metrisch passgenau auf den Groove genagelte, herrlich ironische Selbstverherrlichung: »I'm dirty, mean and mighty unclean / I'm a wanted man / Public enemy number one / Understand? / So, lock up your daughter, lock up your wife / Lock up your back door, run for your life / The man is back in town / So, don't you mess me around«.

Noch witziger wird es, wenn man weiß, dass die erste Zeile aus einem australischen Werbespot für ein Moskito-Spray geklaut ist, der Sänger sich also mit dem ›dreckigen, fiesen und mächtig unreinen‹ Brummer gemein macht. Das hintertreibt die Prahlerei und nimmt ihr etwas von ihrem aufdringlichen Machismo.

Im Dezember 1975 erscheint *T. N. T.*, und die Singleauskopplung des Titelsongs sorgt gleich für hinreichend Airplay, so dass sich ihr zweites Australien-Album schon in der ersten Woche 11 000 Mal verkauft – absolute Bestsellerwerte für die Verhältnisse down under.

Die Band befindet sich da längst wieder on the road. Da die geplante Promotionreise nach England kurzfristig abgesagt wurde, touren sie einmal mehr durch Australien und bespielen nun auch kleinere Provinzorte, wo sie noch echte Überzeugungsarbeit leisten müssen. Bisweilen mit vollem Körpereinsatz, weil einheimische Alphatiere glauben, ihr Revier verteidigen zu müssen. Doch die Band erweist sich als wehrhaft, auf und vor der Bühne.

Inzwischen streckt Manager Michael Browning seine Fühler nach einem internationalen Deal aus: Atlantic Records ist die erste Wahl, weil das Label mit Bands wie Cream, Iron Butterfly, Vanilla Fudge und natürlich Led Zeppelin bereits bewiesen hat, dass es Hard Rock erfolgreich zu vermarkten versteht. Der US-Mutterkonzern kann jedoch nicht viel anfangen mit AC/DC. Die englische Atlantic-Dependance in Gestalt ihres Chefs Phil Carson schlägt allerdings zu und offeriert ihnen einen vorsichtigen Deal mit lausigen Vorschüssen, der ihnen aber endlich internationale Reichweite garantiert.

## I'm gonna ride on – hinaus in die Welt

Jetzt ist England an der Reihe. Vorher kommt aber noch ihre neue Single in die australischen Plattenläden. »Jailbreak« beschreibt den Ausbruch aus einem Gefängnis, den sie selber gerade unternehmen. Der Song ist nicht mehr als ein dreistes Plagiat von Van Morrisons »Gloria«, aber Bon Scott ächzt und stöhnt sich hier so emphatisch durch seine Räuberpistole, dass man keinen weiteren Gedanken an den Diebstahl verschwendet. Die Tatsache als solche macht jedoch verständlich, dass man ihn für die internationalen Alben zunächst außer Acht lässt und erst 1984 mit anderen unterschlagenen Songs aus der frühen Bandphase auf der Mini-LP *'74 Jailbreak* veröffentlicht.

Nach einem Abschiedsgig im Bondi Lifesaver in Sydney, wo Angus vermutlich zum ersten Mal und gleich mit vollem Erfolg dem Publikum seinen nackten Arsch präsentiert, ziehen sie Anfang April 1976 nach London. Eine Tour mit den Free-Nachfolgern Back Street Crawler zerschlägt sich, weil der Gitarrist Paul Kossoff auf dem Rückflug aus den USA an einem Herzinfarkt stirbt. »Dieses Arschloch Kossoff hat uns unsere erste Tour kaputtgemacht«, ruft ihm Bon Scott im Interview mit der Zeitschrift *RAM* hinterher. Nichts Schlechtes über die

Toten sagen? »You can stick your moral standards / Cause it's all a dirty lie«.

Ihr erstes England-Konzert findet am 23. April im nicht sehr geräumigen Red Cow Pub in Hammersmith statt, angeblich vor 50 Gästen, die während der Pause allerdings, so will es die Legende, alle ihre Freunde herbestellen, so dass der Laden am Ende doch noch rappelvoll wird.

Sie spielen noch weitere Club-Gigs zum Warmbleiben, »Antipodean Punk Extravaganza« steht auf den Plakaten, nach einem Spruch von John Peel, dem DJ mit dem absoluten Gehör für junge Talente. Peel, der schon ihr erstes Album auf BBC Radio 1 gespielt hatte, nimmt sich schließlich ihrer an, und mit seiner Unterstützung bekommen sie eine umfangreiche UK-Tour zusammen, zunächst im Vorprogramm der »Back Scratcher«, wie sie die neuformierten Back Street Crawler intern nennen. Ihr Zorn ist längst nicht verraucht.

Anschließend machen sie auf eigene Faust weiter. Mit der vollmundigen »T. N. T«-Phrase »Lock Up Your Daughters« als Motto erobern sie die Insel. Sie räumen zwar nicht gleich überall so ab wie in der Glasgower City Hall, aber mit viel Körpereinsatz und Lautstärke gewinnen sie nach und nach das Publikum – und die Presse. Schließlich bringt sie UK-Atlantic-Chef Phil Carson einen Monat lang im legendären Londoner Marquee Club unter, für elf Shows. Man kann den Laden gar nicht so schnell wiederaufbauen, wie ihn AC/DC abreißen. Sie brechen den Besucherrekord, und beim nächsten Auftritt wieder. Sie sind das nächste große Ding. Man reist ihnen hinterher und bekommt dafür die volle Packung. Eine Intensität hart an der Schmerzgrenze, manchmal auch darüber hinaus.

Unterdessen erscheint ihr internationales Debüt *High Voltage*, ein Kondensat aus den ersten beiden Australien-Alben,

»Beim ersten Auftritt im Marquee ein paar Wochen zuvor bestand das Publikum aus 15 Au-Pair-Mädchen, die irgendwie schon von AC/DC gehört hatten, sowie 20, 30 anderen Leuten, die einfach bloß gekommen waren, weil das Marquee ein legendärer Rockclub war. Aber nach der dritten Woche konnte man kaum noch Eintrittskarten bekommen. So schnell sprach sich herum, wie gut AC/DC waren. Wir verkauften am Anfang nicht sehr viel Platten, aber live überzeugte die Band restlos – und zwar jedes Mal. Sie baute sich mit ihren Konzerten ein eigenes Publikum auf.«

Phil Carson, Chef von Atlantic (UK)

wobei der Schwerpunkt mit sechs Songs (»It's a Long Way to the Top«, »Rock'n'Roll Singer«, »The Jack«, »Live Wire«, »T. N. T.«, »Can I Sit Next to You Girl« und »High Voltage«) deutlich auf *T. N. T.* liegt. Vom ersten Album werden nur »Little Lover« und »She's Got Balls« für international wettbewerbsfähig erachtet. Und jetzt passiert das, was sich in den folgenden Jahren bei jedem neuen Album wiederholen wird.

Während das einfache Volk sehr genau weiß, was es an der Band hat, kübelt die Großkritik Spott aus:

»Diejenigen, die sich um die Zukunft des Hard Rock sorgen, möge die Erkenntnis trösten, dass mit der Veröffentlichung des ersten US-Albums dieser australischen Trash-Ikonen das Genre ohne Zweifel sein Rekordtief erreicht hat. Es kann nur besser werden«, meint Billy Altman im ehrenwerten *Rolling Stone*. Sein vernichtendes Urteil hat sicher dazu beigetragen, dass die Band in den USA einen schwierigen Start hat.

Ein paar Fürsprecher gibt es dann aber doch, in Deutschland zum Beispiel Dr. Gonzo, alias Jörg Gülden, den viel zu früh verstorbenen Mitbegründer des deutschen *Rolling Stone*, auf dessen Geschmackssicherheit man sich stets verlassen konnte. »Die neun Titel der LP sind so, wie Rock-Nummern eben sein sollen: laut, schnell, aggressiv und elektrisierend«, schwärmt der Doktor in seinem damaligen Hausblatt *Sounds*. »Neu ist da bestimmt nichts dran …, aber der springende Punkt, warum die Platte einfach gut ist, ist mal wieder das berühmte WIE. Wie AC/DC spielen, klingt's, wie's klingen soll: eben doch neu, überzeugend und enthusiastisch.«

In England haben sie weiterhin einen Lauf, doch es gibt auch Rückschläge. Beim berühmten Reading Festival vor über 50 000 Leuten markieren sie ein bisschen zu offensiv die Superstars, und so zeigt sich das Publikum eher zugeknöpft, obwohl die Band das volle Programm abspult, also 90 Minuten Dampf macht, Angus auf Bons Schultern reitet, die Hose runterzieht und ›herumhüpft wie ein Känguru‹. Diese Wendung muss er sich öfter anhören von der englischen Presse, die keine Möglichkeit auslässt, gehässig auf die Hinterwäldler-Provenienz der Band hinzuweisen.

Der endgültige Durchbruch in England ist also vertagt, doch da bekommen sie die Gelegenheit, auf dem Kontinent zu spielen. AC/DC kaufen sich als Vorprogramm für die Europa-Tour der Hardrock-Gruppe Rainbow ein, Ritchie Blackmores Folgeband nach seiner Demission bei Deep Purple. Bevor die Tour beginnt, geben sie auf eigene Faust ein paar Konzerte in Deutschland, da die Verkaufszahlen dort Hoffnung wecken.

Das deutsche Publikum reagiert zunächst eher verhalten. Vielleicht auch weil man sie unter dem Etikett »Punk Rock« angekündigt hat und sich hierzulande noch keiner was darunter vorstellen kann. Als Opener für Rainbow läuft es besser, die Leute sind beeindruckt von ihrer Energie. Gitarrenlegende

## Punk

Der Punk-Hype hat AC/DC zunächst genützt. Ihre Rebellenattitüde, ihre destruktive Energie und nicht zuletzt ihre simplen Songstrukturen eröffnen eine gewisse Schnittmenge mit der angesagten Jugendbewegung. Die Differenzen sind aber mindestens genauso offensichtlich: AC/DC schwingen keine politischen Parolen, sie beherrschen ihre Instrumente, und das zeigt sich eben nicht nur an den expressiven, in ihrer Einfachheit äußerst ausgefeilten Soli Angus Youngs, und vor allem sind sie keine Kunstschüler aus der Mittelschicht, die sich darin gefallen, ein wenig die Prolls zu geben, sondern echte Plebejer mit dem entsprechenden Arbeitsethos. Einem Ethos, das sie auch dann noch antreibt, als sie es längst nicht mehr nötig haben.

Malcolm Young dreht den Spieß denn auch um. Diese weißen Muttersöhnchen aus gutem Haus seien doch keine Punks. »Die echten Punks, das waren die Schwarzen.« Und er meint natürlich die fahrenden Bluesmen, die jeden Abend um ihre blanke Existenz spielten. »Sie mussten von Anfang an darum kämpfen, akzeptiert zu werden. Die Weißen, die nachrückten, waren nur von ihnen beeinflusst.« Nach dieser Definition wäre das Punk-Etikett eine Ehrenbezeugung für AC/DC gewesen, mit der sie gut hätten leben können.

Doch die englische Musikpresse besaß längst nicht so viel Geschichtsbewusstsein.

Blackmore gefällt das ganz und gar nicht, weil sie das Publikum bisweilen eben nicht bloß anwärmen, sondern erschöpfen.

Zurück in England trägt ihr Bad-Boy-Image endlich Früchte: Im ehrwürdigen Oxford muss ihr Auftritt abgesagt werden, weil Bons Lyrik offensichtlich nicht den Ansprüchen dieser Bildungsinstitution entspricht. Das Hammersmith Odeon indes bereitet ihnen einen rauschenden Empfang. Der *New Musical Express* markiert sich das Datum im Kalender als den »Tag, an dem AC/DC London eroberten«. Mittlerweile kommt sogar die noble *Times* nicht mehr an der Band vorbei, auch wenn man sie natürlich wieder einmal abkanzelt: »Musik muss mehr von Künstlern verlangen als die Fähigkeit, stumpfsinnig auf ihre Instrumente einzudreschen. Auf diesem Niveau bewegen sich AC/DC.« Aus dem Blickwinkel eines jungen Punks gesehen, kann man das auch als Lobeshymne lesen.

Die AC/DC-Konjunktur im Königreich sollte nun mit einem weiteren Album abgeschöpft werden. Das liegt glücklicherweise längst pressfertig vor. Vom Dezember 1975 bis März 1976, also noch vor ihrer Abreise nach England, haben sie jede Konzertpause genutzt, um unter der Leitung von Vanda und Young die Albert Studios aufzusuchen. Kurz vor Weihnachten erscheint *Dirty Deeds Done Dirt Cheap* in Europa, einmal mehr in abgewandelter Form und mit anderem Cover. Der Glutkern von sieben Songs bleibt derselbe, aber die australische Ausgabe, bereits im September in den Regalen, enthält darüber hinaus »Jailbreak« und den eher profanen Boogie Rocker »RIP (Rock In Peace)«, während man international auf »Rocker«, eine Altlast vom *T. N. T.*-Album, und die neue Komposition »Love at First Feel« setzt.

Der Titel ist Programm, es ist ein ruppig produziertes Album und enthält ein Maß an Anzüglichkeiten, das Jerry Greenberg, dem A&R-Chef von Atlantic, ganz und gar nicht passt. »Big Balls« zum Beispiel. Der basiert auf einem einzigen infantilen Wortspiel. Bon Scott preist hier scheinbar ehrfürch-

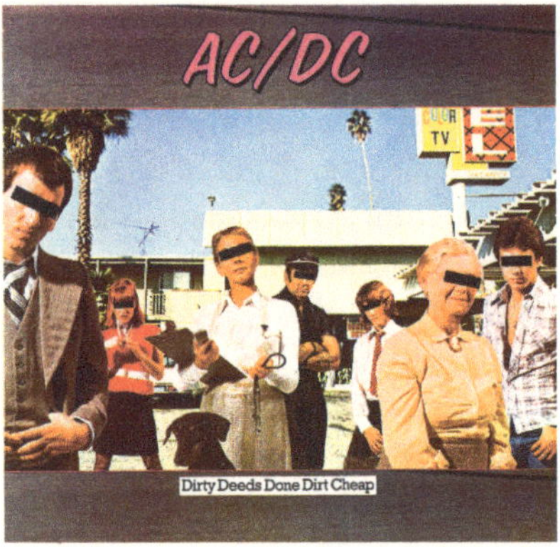


Zu dreckig für die USA?

tig die »großen Bälle« der »upper-upper class high society«, meint aber natürlich seine dicken Eier. Man kann das flach finden, aber wie er mit der Zunge in der Backe die Ambiguität über drei Strophen mit den entsprechenden Refrains variiert, zeigt eben auch seine hinreißende Wortgewandtheit und seinen burlesken Witz. »And my balls are always bouncing / My ballroom always full / And everybody comes and comes again / If your name is on the guest list / No one can take you higher / Everybody says I've got / Great balls of fire«.

Gepaart mit dem stumpfen Staccato der Garagengitarren ist »Big Balls« an Schmuddeligkeit kaum zu überbieten. Greenberg ist abgestoßen oder wähnt doch zumindest den amerikanischen Markt noch nicht aufgeschlossen genug, und will AC/DC am liebsten loswerden, zumal die bisherigen US-Verkäufe auch nicht für die Band sprechen. Doch Phil Carson setzt sich mit den Atlantic-Gründern Ahmet und Nesuhi Ertegün in Verbindung und zeigt ihnen die ansehnlicheren Verkaufszahlen in Europa, und so ist die Vertragsauflösung erst einmal abgewendet. Dafür muss die Band eine Kürzung der Vorschüsse um 10 000 Dollar hinnehmen, und *Dirty Deeds Done Dirt Cheap* bleibt fünf Jahre lang unveröffentlicht in den USA. Erst nach dem unfassbaren Erfolg von *Back in Black* 1981 beendet das Label sein borniertes Embargo.

Der Titelsong nimmt Bezug auf die Zeichentrickserie *Beany and Cecil*, und zwar auf den Ganoven Dishonest John, auf dessen Visitenkarte eben jener memorable Slogan steht. »Dirty deeds done dirt cheap. Special rates for Sundays and holidays.« Einen solchen Mann für alle Fälle mimt Bon Scott hier, wobei der Cartoon-Hintergrund immer noch durchscheint, nicht zuletzt im kurios verstellten Chor-Gesang der Youngs. Der Protagonist im Song bringt einem zum Spottpreis die enervierende Ehefrau um die Ecke, haut einem sexuell übergriffigen Lehrer auf die Finger oder hilft auch schon mal in Liebesdingen als »back door man« aus, wenn das gewünscht wird. Interpretiert der Sänger seine Rolle hier eher komödiantisch, bimsen die gewalttätigen Gitarren einen Ernst und eine Plausibilität in den Song, als könnte doch noch etwas mehr an der Sache sein. Eine hübsche Pointe ergibt sich aus Bons Liste der Hilfsmittel, die ihm bei seiner Arbeit zur Verfügung stehen. »Concrete shoes, / cyanide, TNT / ... / Neck ties, contracts, / high voltage«. Nicht ohne Grund wird am Ende jedes Verses jeweils ein AC/DC-Song genannt: Bei dieser Band ist Gefahr im Verzug, soviel sollte jetzt endlich mal klar sein.

Darum geht es auch im kräftig aufstampfenden »Problem Child«. Ein bezirzend billiger Hackriff aus vier Akkorden, der im Prä-Chorus einfach andersherum und im Anschluss versetzt einen Ganzton höher gespielt wird. Edle Einfalt, stille Größe. Bevor Bon Scott sich herablässt zu singen – der Song ist eine Weile im Gange, das Riff-Muster beginnt bereits langsam hypnotisch zu wirken –, spuckt er ein kurzes undeutliches »Cop this!« ins Mikro. »Nimm das!« Und es folgt einmal mehr eine pathetische Selbstermächtigungsphantasie, mit großer Überzeugungskraft vorgetragen, die sich nicht nur aus den suggestiven Riffs und dem treibenden Groove, sondern auch aus purem sprachlichem Schönklang speist: »I'm hot, and when I'm not / I'm cold as ice / Get out of my way, just step aside / Or pay the price / What I want I take, what I don't I break / And I don't want you / With a flick of my knife, I can change your life / There's nothing you can do«. Das mag nicht besonders tiefsinnig sein, aber die vielen Assonanzen, Binnen- und Endreime bringen die Worte zum Klingen, als wollten sie in Konkurrenz treten zur Musik.

Es geht jedoch auch ernsthaft, nachgerade existentialistisch zu auf diesem Album – beim melancholisch-gedankenverlorenen Sonntagabend-Blues »Ride On«. Der beginnt mit einem langsam pumpenden Bass, tiefe Löcher tun sich auf zwischen den immer wieder ausklingenden Gitarren, in die Bons Stimme schier hineinzufallen scheint. Der Song fühlt sich ein in die Kälte, Leere und Einsamkeit on the road. »Got another empty bottle / Mmh and another empty bed / Ain't too young to admit it / And I'm not too old to lie / I'm just another empty head«. Der Protagonist ist ein Tramp, der einem alten Delta Blues entstiegen sein könnte. Es zieht ihn von Absteige zu Absteige, nirgendwo kommt er an. In seiner mythischen Uneindeutigkeit öffnet sich der Song dem Universellen, erweitert er sich zu einer Parabel auf das Leben an sich. Wie ein Camus'scher Sisyphos erkennt das Hobo-Ich schließlich, dass dieses Schicksal, wie hart es auch immer sein mag, selbstgewählt ist und dass genau darin die Freiheit liegt. Also stellt er sich wieder an den Straßenrand, hält den Daumen raus und macht einfach weiter. »I'm gonna ride on«. Er kann zwar vom Gedanken nicht lassen, eines Tages werde er seine Rastlosigkeit auf die Reihe bekommen und sein Leben sich zum Besseren ändern, und weiß doch ganz genau, dass er sich etwas vormacht. »Til then I'll just keep riding on«. Näher kam sich Bon Scott vermutlich in keinem seiner Songs, besser hat er nie gesungen. »Ride On« ist eine anrührende poetische Selbstanalyse, die auf traditionellen Blues-Topoi basiert und ihnen trotzdem noch einmal etwas Gültiges abgewinnt. Wem es bei diesem Song nicht eng im Hals wird, hat einen Stein in seiner Brust. Und machen wir uns nichts vor: Angus Youngs mikrotonale Bendings und sein Timing zeigen immer wieder auf verblüffende Weise, was er kann – und dass die Band eine äußerst hohe Meinung von ihrem blutjungen Solisten hat. Eine derartig in den Vordergrund gemischte, unbehandelte Sologitarre, das muss man sich erst einmal trauen.

Kurz vor dem Erscheinen von *Dirty Deeds* fliegen AC/DC nach acht Monaten mal wieder in ihre Heimat für einige Konzerttermine. »A Giant Dose of Rock'n'Roll« verspricht das Tourplakat, allerdings kommen weniger Leute als erwartet. In Tasmanien ist die Zahl nicht mal dreistellig.

Das liegt vor allem daran, dass sich ihre Fanstruktur mittlerweile verändert hat. Die kreischenden Teeniemädchen, die einst scharenweise ihre Konzerte besuchten, bleiben aus, dafür kaufen jetzt Fabrikarbeiter und Automechaniker Tickets. Schon in England hatten ihre rüden, von allen Beteiligten das Letzte fordernden Shows ein vornehmlich männliches Publikum angelockt, und dieses gewandelte Image nehmen sie jetzt mit zurück nach Australien.

Überdies schlachten die Medien ihre vermeintliche Skandalträchtigkeit weidlich aus. Angus' Striptease-Nummer und

Bons Großmäuligkeit gerade in sexuellen Dingen provozieren einen üppig sprudelnden Quell von Schlagzeilen. Wilde Gerüchte kursieren, dass sich Hundertschaften junger Mädchen tätowieren ließen, um ihren Idolen nachzueifern.

Das alles ruft profilierungssüchtige Tugendwarte auf den Plan, die um die Unschuld der australischen Jugend bangen und Druck auf die Veranstalter ausüben. Es hagelt Restriktionen. Angus soll die Hose anlassen, sonst dreht die Exekutive den Saft ab. Ein paar Konzerte werden sogar abgesagt.

Es läuft nicht mehr rund in Australien, und die Band zieht ihre Schlüsse daraus. Sie verlegt ihre Operationsbasis nach England und zeigt sich einige Jahre eher sporadisch auf Australiens Bühnen. Erst auf der *Back in Black*-Welttournee 1981 spielen sie wieder eine richtige Tour down under. Bon Scott sollte das nicht mehr erleben.

Bevor sie nach England aufbrechen, um in einer 30 Shows umfassenden Tour *Dirty Deeds* zu bewerben, buchen sie sich Anfang 1977 in den Albert Studios ein, um einmal mehr unter der Leitung von Vanda/Young ein Folgealbum auszubaldowern, möglichst eines, das auch in den USA veröffentlicht wird. Und das gelingt tatsächlich. Natürlich sind sie zusätzlich motiviert von den letzten Rückschlägen, der eher unerfreulichen Australien-Tour und der Zurückweisung durch ihre Plattenfirma. Es ist offensichtlich, dass sie sich weiterentwickeln, dass sie immer besser verstehen, wie man diesen eng gesteckten musikalischen Rahmen mit Spektakel füllt. Aber letztlich sind es eben doch nur Nuancen, die sich auf *Let There Be Rock* verändern. Nicht AC/DC machen auf einmal so viel mehr richtig. Es ist eher anders herum. Jerry Greenberg und den anderen Skeptikern bei Atlantic wird jetzt langsam klar, und das zeigen ihnen die Umsatzzahlen, was sie an AC/DC haben – und mit etwas mehr Unterstützung noch haben könnten.

Immerhin ein paar Neujustierungen kann man feststellen. Um vom ewigen Punk-Verdikt wegzukommen, darf sich Angus solistisch so richtig verausgaben, und zwar sowohl quantitativ als auch qualitativ. Seine Leads sind durchdachter, auch virtuoser. Bei »Whole Lotta Rosie« etwa, einer der Neukompositionen, die das Live-Set jetzt nie mehr verlassen werden, gniedelt Angus fast die gesamte zweite Hälfte des Songs zu. Doch das temporeiche Solo gliedert sich eben auch in mehrere Teile und besitzt eine einfache, jedoch äußerst suggestive Dramaturgie. Nach dem rauschenden Wasserfall aus Tönen folgt eine Beruhigung im Mittelteil, in dem Angus bloß Malcolms Erkennungsriff variiert, bis seine Kombattanten für Momente ganz verstummen und er allein die Melodie andeutet. Dann allerdings kommt die Band mit Macht zurück, und die Leadgitarre hält mit wilden Improvisationen dagegen, spuckt Töne im Akkord. Selbst als der Song ein letztes Mal in den Refrain mündet, kann Angus die Finger nicht stillhalten und torpediert den Gesang mit seinen sonischen Glassplittern. Der Song mutiert zum Gitarrenmonster, das der darin besungenen »whole lotta woman« eine absolut adäquate, nämlich ausladende Form gibt.

So spontan ein solches Guitar Battle wirkt, so kalkuliert ist es auch. Das findet man noch häufiger auf dem Album. »Bad Boy Boogie« hat eine nicht ganz so ausufernde, aber ebenfalls mehrteilige Solostruktur. Im die Genesis der Rockmusik nachbetenden Titelsong folgt nach der Hälfte des Solos ein Key Change, der dem Solisten die Möglichkeit eröffnet, noch ein wenig in den höheren Registern zu wildern. Und »Go Down«, die unverhohlene, von Bon nicht besonders amüsant verpackte Aufforderung zur Fellatio, lässt im Mittelteil einigen Raum

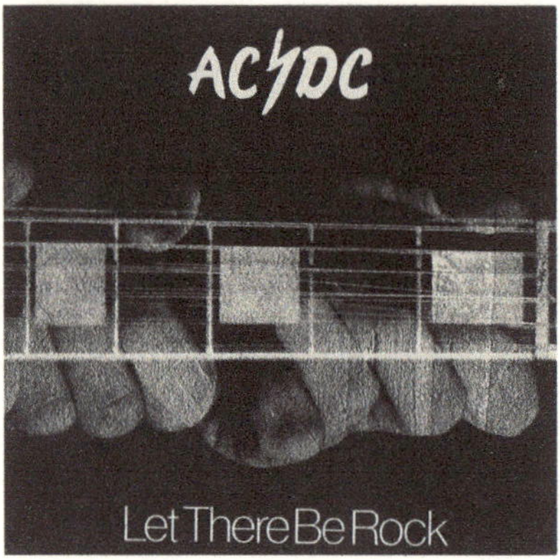


Serviervorschlag – das australische Cover

für ein Zwiegespräch zwischen Leadgitarre und Gesang, die sich gegenseitig beim Jubilieren überbieten wollen.

Die Brüder Young feilen weiter an der Abstimmung der Gitarren beim Riffing. Ein Song wie »Dog Eat Dog« zeigt exemplarisch, wie sich die beiden Rhythmusgitarren verzahnen. Malcolms unnachahmliche »Ghost Notes«, seine mit dem Handballen abgedämpften Rhythmusschlenker, füllen die Lücken, während Angus mit perkussiv gespielten Power chords Akzente setzt. Erst dieses Zusammenspiel bringt das Riff zum Federn, als stünden die beiden Brüder auf einem Trampolin. Das Bandkollektiv arbeitet Hand in Hand, während Bon das Gegenteil verlauten lässt und sich wortspielerisch über das kapitalistische Schweinesystem mokiert. »Well, it's a dog eat dog / Eats cat too / French eat frog / And I eat you / Businessman, when you make a deal / Do you know who you can trust? / Do you sign your life away? / Do you write your name in dust«.

Er ist selbst Teil dieses skrupellosen Konkurrenzkampfes,

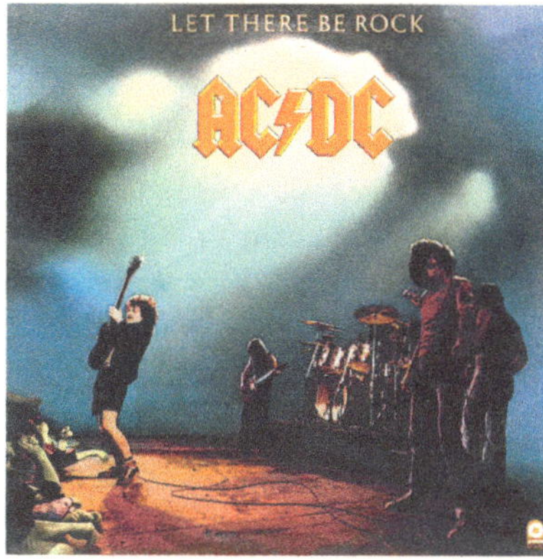


Let there be guitar,
there was guitar

den er in den folgenden Strophen noch weiter ausführt, weiß aber zumindest um seine Sinnlosigkeit. Wie ein abgeklärter, im Glauben ruhender Barockdichter ruft er dem Geschäftsmann sein sarkastisches Memento Mori (»Bedenke, dass du sterblich bist!«) ins Gewissen. Eine Weile hält die Band diese Songpreziose im Programm, um sie dann jahrzehntelang wieder zu vergessen. Viel später, auf der *Black Ice*-Tour, darf sich Brian Johnson einige Male dran versuchen, bis alle einsehen müssen, das hier ist Bon-Scott-Land.

Die australische Ausgabe von *Let There Be Rock* unterscheidet sich einmal mehr nicht nur im Cover von der internationalen Veröffentlichung und enthält mit »Crabsody in Blue« einen Blues über Filzläuse, den man vor allem dem US-Markt nicht zumuten zu können glaubt. Dafür nimmt man sogar eine Überschneidung mit *Dirty Deeds* in Kauf, doch erschien dieses Album nicht in den USA, also kann auch keiner »Problem Child« kennen. So entging allerdings auch dem Rest der Welt dieser

**Gear**

No-Bullshit-Rock'n'Roll braucht keine Effekte. Die Gitarre geht direkt in den Verstärker. Muss reichen. Reicht. Angus und Malcolm Young benutzen benutzen [historisches Präsens; Malcolm ist zu diesem Zeitpunkt ja auch noch nicht tot.] 100-Watt-Marshall-Topteile der Baureihe JTM45 mit den entsprechenden 4x12er Speaker Cabinets, vornehmlich ältere Geräte aus den späten 1960er Jahren. Angus' Leadgitarre läuft über ein 50-Watt-Modell, das etwas mittiger klingt und früher in den Overdrive-Modus wechselt. Malcolm zieht enorm dicke Saiten auf (.012 bis .056 Zoll) und kommt immer wieder auf »The Beast« zurück, eine alte 1963er Gretsch Jet Firebird, der er im Laufe der Zeit die beiden vorderen Pickups rausgeschraubt hat. Angus hat sich schon früh bei der Gibson SG Standard festgespielt, wegen seiner kurzen Finger, die einen besonders schmalen Hals verlangen – und dem niedrigen Gewicht der Gitarre. Die einzige technische Extravaganz, die er sich leistet, sein Gitarrensender, ist obligatorisch. Ohne das Schaffer–Vega diversity system wären Angus' Bühnen-Eskalationen undenkbar.

kleine Geniestreich. Ich habe den Song zum ersten Mal 1983 in einer sehr freien Coverversion von Spliff-Schlagzeuger Herwig Mitteregger gehört – »Deutsche Läuse«. Mitteregger kommt dabei dem quäkigen Scott-Timbre sogar recht nahe. Eine Straßengöre, die zu viel gesehen hat für ihr Alter. Aber der Groove stimmt nicht. Im Original verbummelt Phil Rudd diesen langsamen Shuffle so dermaßen, als brauche er die Zeit, um sich zwischendurch zu kratzen.

## On the way to the promised land – die USA erobern

Nach der erfolgreichen UK-Tour, in dem sie ihren im *Sounds*-Jahrespoll bestätigten Status als eine der beliebtesten Bands des Jahres weiter ausbauen, geht es für zwölf Gigs aufs Festland, einige davon im Vorprogramm von Black Sabbath. Tony Iommy und Co. sind leergespielt, Ozzy verlässt kurz darauf zum ersten Mal die Band, kurzum: Sie haben nicht den Hauch einer Chance. Die Stimmung ist angespannt. Als Geezer Butler in der Bar mit einem Kamm herumspielt, denkt Malcolm Young, er wolle mit einem Klappmesser auf sie losgehen, und schlägt ihn nieder. Grund genug, AC/DC endlich vom Tourplan zu streichen.

Die vorzeitige Pause verschafft den Youngs die nötige Zeit, um gleich noch ein anderes Problem anzugehen. Bassmann Mark Evans fliegt aus der Band. Evans erklärt sich den Rausschmiss in seiner Biographie mit seiner laxen Arbeitshaltung. Er hätte nach den Shows nicht gleich in die nächste Bar verschwinden, sondern mit den anderen an einem Strang ziehen sollen, wenn es Probleme gab. Doch letztlich liegt es wohl eher an Angus, der sich mit dem Bassisten nicht versteht, und überdies braucht es einen Sündenbock für die vergangenen Enttäuschungen.

Cliff Williams wird am 14. Dezember 1949 geboren und steht bereits als Zwölfjähriger mit einer Gitarre auf Liverpooler Bühnen. Doch in den 1960er Jahren gibt es talentierte Gitarristen genug, es mangelt an Bassisten. Also nimmt er eine Stunde Unterricht und ist von da an Bassmann. Er will Profi werden und geht mit 16 von der Schule ab. Tagsüber jobbt er in einer Fabrik, abends steht er auf der Bühne, aber in Liverpool geht es nicht weiter. Er zieht nach London um, findet dort auch Anschluss an die Szene, spielt in jedem Kellerloch, doch es reicht nicht – und so landen seine hehren Erwartungen erst mal unter einer Brücke. Jetzt nimmt er Knüppeljobs an, findet den Weg aus der Gosse und macht einfach immer weiter Musik. Über eine Anzeige im *Melody Maker* gerät er an den talentierten Laurie Wisefield, der bald bei Wishbone Ash die zweite Leadgitarre übernehmen wird, und macht auch musikalisch den nächsten Schritt. Ihr erstes Projekt Sugar ist nicht von Dauer, allerdings geht daraus die Prog-Rock-Band Home hervor, und die erregt die Aufmerksamkeit des Epic-Labels. Ihr Debüt *Pause for a Hoarse Horse* bekommt wohlwollende Besprechungen, sie machen sich einen Namen als

Evans wird mit ein paar tausend Dollar abgefunden, und die Suche nach einem Ersatzmann beginnt. Colin Pattenden von Manfred Mann's Earth Band ist der Favorit der Youngs, doch für Manager Browning passen Aussehen und Alter überhaupt nicht zur Band. Also präpariert er seinen Favoriten Cliff Williams entsprechend für die Session, und siehe da, er bekommt den Job. Williams ist tight, ein uneitler Pragmatiker und Achtel-Virtuoso, er hat einiges gesehen in seinem Leben und eben auch schon auf US-Bühnen gestanden. Da wollen

Opener von Led Zeppelin, Argent, den Faces und der Jeff Beck Group. Das zweite Album *Home* ist ein veritabler Kritikererfolg, John Peel nimmt sich ihrer an, sie gehen mit Mott the Hoople auf Tour und hinterlassen Eindruck. Es hätte etwas werden können. Das Konzeptalbum *The Alchemist* überzeugt die Rezensenten, aber die müssen die Platte schließlich auch nicht kaufen. Sie wird ein Flop, und ihrem Label tut es jetzt ganz herzlich leid. Bevor sich Home vollständig auflösen, bucht sie Al Stewart als Begleitband für seine anstehende US-Tour. Ein Beweis dafür, wie sie sich in der Zwischenzeit entwickelt haben. Auch Williams, der danach erst mal eine Weile in den USA bleibt, bei der kurzlebigen Band Stars einsteigt und sich schließlich als Sessionmusiker verdingt. 1976 kehrt er nach London zurück und spielt mit der Soul-Funk-Truppe Bandit ein gar nicht unebenes Album ein. Mit dieser Platte qualifizieren sie sich zwar für eine reputierliche Tour mit Alexis Korner, doch Zukunft hat das alles nicht. Also meldet er sich zum Vorspielen, als die aktuellen Publikumslieblinge AC/DC im *Sounds* ihre einschlägige Anzeige schalten – und das Schicksal nimmt Fahrt auf.

AC/DC jetzt hin. Er kann der Band also wirklich helfen – und darf wiederkommen. Browning will ihn unbedingt. Er sieht gut aus und soll mit seiner Gelassenheit moderierend auf die Banddynamik einwirken. Nicht zuletzt auf den maßlosen Trinker Bon Scott. Williams ist nur etwas jünger als er, in ihm hätte Bon endlich auch einen Partner mit ähnlichen Interessen, nämlich: Filme, Bücher und natürlich Frauen, mit dem er backstage den Kopf zusammenstecken kann.

Mit neuem Bassisten wollen sie jetzt endlich Amerika, den

größten Musikmarkt der Welt, aufmischen – und fangen mal wieder von vorn an. Im kleinen Bandbus, die Gitarre buchstäblich auf den Knien, gehen sie auf Ochsentour und leisten schweißtreibende Überzeugungsarbeit auch in kleineren Käffern. It's a long way to the top! Vor allem Bon Scott und Schlagzeuger Phil Rudd brauchen jetzt immer stärkere Motivationshilfen. Doch die Beharrlichkeit zahlt sich wieder einmal aus. Vor allem im Süden der USA, in Jacksonville, Florida, und Columbus, Ohio, treffen sie auf ein begeistertes, von den lokalen Radiosendern ordentlich angefixtes Publikum. Hier wird der Funke entzündet, der sich bald zu einem veritablen Flächenbrand auswachsen sollte. *Let There Be Rock* kommt sogar in die Billboard-Charts. Auch wenn das Album nur Platz 154 erreicht, es ist ein Achtungserfolg, der ihr Label sanft wachrüttelt.

Von September bis Anfang November steht wieder Europa auf dem Plan. 40 Konzerte verteilt auf sieben Länder, wobei Deutschland und natürlich ihre aktuelle Wahlheimat England die meiste Aufmerksamkeit bekommen.

Direkt im Anschluss fliegen sie zurück über den Teich, zum zweiten Teil der US-Tour. Zunächst geben sie den Headliner in kleineren Hallen und Clubs, u.a. mit UFO. Aber ihre Live-Qualitäten haben sich mittlerweile rumgesprochen, und so sichern sich Blue Öyster Cult, Aerosmith, Cheap Trick, Rush und am Ende sogar Kiss ihre Dienste als Opener.

AC/DC hatten schon früher über ein Livealbum nachgedacht, es aber immer wieder zurückgestellt. Jetzt produzieren sie zumindest ein inoffizielles. Anfang Dezember lädt Atlantic ihre Band ins hauseigene Studio nach New York ein, um ein Radiokonzert einzuspielen. Das Label lässt das natürlich mitschneiden, presst Promo-Kopien und verschickt sie an weitere Rundfunkstationen.

Bereits Ende August hatte die Band für zwei Gigs in New York Halt gemacht. Zunächst treten sie im Vorprogramm der Dictators im Palladium auf, und anschließend machen sie noch den legendären Punk-Club CBGB's nass. Die Sicherheitsnadelträger befinden sich also in der Mehrheit an diesem Abend. Die Band kümmert das wenig. Angus spielt jetzt mit einem Sender und nutzt die neue Bewegungsfreiheit ohne die Fessel Gitarrenkabel weidlich aus. Bei der Mitternachtsshow tänzelt er aus der Pissbude hinaus auf die Bowery. Atlantic-Gründer Ahmet Ertegün ist ebenfalls vor Ort und zeigt sich verzückt von seiner Bühnenpräsenz, aber auch von seinem Gitarrenspiel. Amerika scheint endlich reif zu sein für AC/DC. Großbritannien muss man ohnehin nicht mehr überzeugen, hier landet *Let There Be Rock* bereits auf Platz 26 der Charts.

Weihnachten steht vor der Tür, und wie im Jahr zuvor machen sie sich auf den Weg in die Heimat, um ihre Familien und Freunde zu besuchen – und danach, wer hätte das gedacht, ins Studio zu gehen. Das Rock'n'Roll-Hamsterrad – neues Jahr, neues Album.

Allerdings bereitet die australische Einwanderungsbehörde ihnen erneut Probleme und verweigert dem Engländer Cliff Williams das obligatorische Arbeitsvisum. Die Youngs schäumen. »Wir dachten eigentlich immer, wir seien eine australische Band«, poltert Angus im *RAM*-Magazin, »aber wir sind uns da gar nicht mehr so sicher. Die Scheißkerle wollen uns hier nicht mehr spielen lassen, nicht einmal das!« Als sich die Musikergewerkschaft der Sache annimmt, darf Williams doch einreisen und schließt sich mit ein paar Wochen Verspätung den Sessions in den Albert Studios an.

*Powerage* soll den endgültigen Durchbruch in den USA bringen, aber während andere Bands jetzt womöglich studiotechnisch größeren Aufwand betreiben würden, gleichen AC/DC auf Anraten ihres notorischen Produzententeams Vanda/Young den Produktionsprozess noch weiter der Konzertsituation an. Auf sechs der zehn Songs spielt Angus Young die Leadgitarre nicht nachträglich als Overdub, sondern gleich auf der Rhythmusspur ein. Es geht ihnen nicht um klinische Perfektion, sie wollen den Moment einfangen, in dem die fünfköpfige Maschine wirklich rundläuft. Umso kurioser erscheint deshalb der Umstand, dass die australische und die US-Version neben der veränderten Reihenfolge andere Abmischungen und Songvarianten enthalten als die Europa-Pressung, die noch dazu mit einem zusätzlichen Stück aufwartet – aber was für eins! Nicht irgendein Lückenbüßer, sondern das Meisterwerk »Cold Hearted Man«:

Bereits das kurze Glissando im Einführungsriff, der später den Refrain bildet, dieser kalkuliert verrutschte dritte Akkord ist einfach nur berückend. Im zweiten Teil rundet sich die Melodie, und dann nehmen die Gitarristen den Saft aus dem Ganzen, schlagen fast sanft ihre paar Akkorde, um die Aufmerksamkeit auf ihren Crooner zu lenken, der die Moritat von Leroy Kincaid erzählt, der Schlange mit den Eisaugen, dem einsamen Solitär, der seine wahre Herkunft nicht kennt, der keine Freunde braucht und auch keine hat, weil ihm alle vor Angst aus dem Weg gehen. Soll man ihm Abneigung entgegenbringen, Hochachtung zollen oder sogar Mitleid aufbringen? Alles auf einmal.

Bei »Cold Hearted Man« fehlt also nichts, nicht einmal das Solo. Man hätte sich eins vorstellen können, das den tragischen Kern dieses Charakters mit schwermütigen Blues-Licks hervorkehrt, aber was die Youngs stattdessen spielen, ist noch besser: eine die Strophenteile verbindende Bridge, in der Angus und Malcolm Pickings und Akkorde ineinanderschieben und Bon Scott, dieser guten Seele, die Gelegenheit geben, für Empathie zu werben. Denn wir können überhaupt nicht verstehen, wie er zu dem Mann mit dem kalten Herzen werden konnte: »Sometimes you can't see the other side / It's too well hidden for the naked eye / One time lover with his heart in his hand / Two time loser, a broken man«. Fermate, kurze Atempause, Schwung holen, auf dass man es besser nicht vergesse: »Cold hearted man / He was a cold hearted man«. Und Bon Scott singt jede Silbe der Titelwörter mit einer solchen Schwermut, dass es keinen Zweifel an der Existenz dieses Typen und auch nicht daran gibt, dass er unser vollstes Mitgefühl verdient.

»Gone Shootin'« ist noch so eine melancholische Blues-Nummer: Der Liebende trauert um den Verlust seiner Geliebten, die an einer Überdosis verstorben ist. »I stirred my coffee with the same spoon / Knew her favorite tune / Gone shootin' / My baby gone shootin'«. Er versteht es nicht, findet keine Ruhe und macht sich bittere Vorwürfe. »I shouldn't get in her way«.

Es ist einigermaßen unverständlich, dass Atlantic auf *Powerage* zunächst keinen Radiohit ausmachen kann und ihr Fürsprecher Phil Carson deshalb rät, das eher solide, auch textlich nicht besonders originelle, aber immerhin ganz schön losstampfende »Rock'n'Roll Damnation« auf die Platte zu nehmen. Die Singleauskopplung schafft es dann tatsächlich auf Platz 24 der englischen Charts.

Man hätte auch »Sin City« nehmen können, Bon Scotts Illumination des Sündenpfuhls Las Vegas, wo »Lamborghinis, caviar / Dry martinis, Shangri-La« locken und »Diamonds and dust« so nah beieinander liegen. Der Song entwickelt sich zumindest langfristig zu einem Live-Klassiker.

Scotts lebensphilosophisches Lamento »Down Payment Blues« beschreibt dann gewissermaßen die Kehrseite der Medaille: Der Sänger beklagt hier augenzwinkernd selbstkritisch das eigene Lotterleben, die Verantwortungslosigkeit und Hängerattitüde, die letztlich dazu führen, dass er nie auf den grünen Zweig kommt (»I know I ain't doin' much / doing nothing means a lot to me«). Und er beweist dabei einmal mehr seine Fähigkeit, prägnante Bilder zu finden, die dieses Lebensgefühl als »fifty cent millionaire« einfangen. »Feeling like a paper cup / Floating down a storm drain / Got myself a sailing boat / But I can't afford a drop of rain«.

Das Album macht mit »Rock'n'Roll Damnation«, »Riff Raff« oder »Up to My Neck in You« zwar auch richtig Dampf, doch überwiegt im Gegensatz zum Vorgänger hier eine melancholische Blues-Stimmung, die gut mit der entsprechend größeren instrumentalen Zurückhaltung konveniert: Während sich Angus auf *Let There Be Rock* in wilden Exaltationen selbst feiert, spielt er hier gleich auf mehreren Songs gar kein richtiges Solo. Es geht hier also eindeutig um mehr als eine bloße Zirkusnummer. »Der ganzen Band ist es richtig ernst«, hat der erklärte AC/DC-Fan Keith Richards im Interview mit dem *Kerrang!*-Magazin bemerkt. »Das kann man hören, das Album hat Seele.«

Im April 1978 sind sie schon wieder auf der Straße. Australien geht erneut leer aus. Die Band bekommt Terminschwierigkeiten wegen der verspäteten Einreise ihres Bassisten. Also legen sie gleich in ihrem zweiten Zuhause England los. Die UK-Tour beginnt mit acht Konzerten, aber wegen der enormen Nachfrage wächst die Anzahl der Shows schließlich auf die dreifache Menge. In Glasgow, bekannt für seine frenetische AC/DC-

Verehrung, wird mitgeschnitten, um endlich Material für ihr schon lange avisiertes Livealbum zu bekommen. Für die Zugabe, unter anderem »Fling Thing«, ihre Bearbeitung des schottischen Volkslieds »The Bonnie Banks o' Loch Lomond«, kehren sie im Dress der Fußballnationalmannschaft auf die Bühne zurück: Das Glasgower Apollo entkommt nur knapp dem Abriss. »Die Schotten rasten bei Konzerten völlig aus. Daher war die Bühne absichtlich so gebaut, dass die Zuschauer nicht hinaufklettern konnten«, erinnert sich Coral Browning, die Schwester und rechte Hand des AC/DC-Managers: »Also kamen die Leute auf die Idee, eine menschliche Pyramide zu bauen, um sich trotzdem bis zur Kante hochzuziehen. Dann fingen sie an, Feuer unter den Sitzen zu machen – die Situation geriet ziemlich außer Kontrolle!«

Ende Juni fliegen sie in die USA, bis Anfang Oktober stehen weit über 60 Konzerte auf dem Programm. Sie spielen ein paar Gigs als Vorband von Alice Cooper, danach begleiten sie Aerosmith auf ihrer US-Tour. »Die Leute kamen wegen Aerosmith, waren am Ende aber überwältig von AC/DC«, erklärt Peter Mensch, der sich damals um Aerosmith kümmerte, im Interview mit *Metal Attack*. Diese Begegnung hat Folgen. Mensch übernimmt bald darauf ihr Management.

Erstmals machen AC/DC nun einen Abstecher nach Kanada als Opener für Molly Hatchet. Sie bestreiten allerdings auch noch genügend Club-Gigs als Headliner. In Jacksonville füllen sie das Veterans Memorial Coliseum mit knapp 9000 Leuten. Und jetzt bucht sie auch der große Rock-Impresario Bill Graham für seine Festivalreihe Day on the Green. In Oakland gehen sie bereits um 11 Uhr morgens auf die Bühne, doch 65 000 Menschen sind schon wach und halbwegs ansprechbar, wollen sie sehen – und sollen es nicht bereuen. In Columbus, Ohio, spielen sie im Vorprogramm von Thin Lizzy, aber so laut, dass man sie von der Bühne jagt und Malcolm Young, außer sich vor Wut, auf den Promoter losgeht.

Kurz: Sie sind keine angenehme Vorband für die Arrivierten, weil sie stets als Sieger von der Bühne gehen wollen und es mit der Kollegialität nicht immer so genau nehmen. Bis auf Bon Scott, dieser Frohnatur, der mit jedem trinkt, der ihm einen ausgibt.

Und die Kilometerfresserei in den USA zahlt sich langsam aus. *Powerage* landet auf Platz 133 der Billboard-Charts und verkauft sich mit 200 000 Exemplaren besser als die letzten beiden Alben zusammen. Im Oktober klappern AC/DC längst wieder die europäischen Hallen ab, zunächst das Festland, mit sieben Konzerten allein in Deutschland. Im Anschluss geht es weiter im Königreich, allerdings unter einer anderen Überschrift. Die alte Tour ist zu Ende, es lebe die neue. Gerade mal drei Tage liegen zwischen den beiden Unternehmungen.

Unterdessen ist nämlich endlich ihr Livealbum erschienen. *If You Want Blood You've Got It* enthält eine energetische, die Bühnen-Exaltationen der Band ziemlich gut einfangende Werkschau. »Problem Child«, »Riff Raff«, »Whole Lotta Rosie« und all die anderen Klassiker gibt es hier in überdrehten, schweißnassen, vom Mob angetriebenen, schlicht brachialen Live-Versionen – ihrem idealen Aggregatzustand. Da pfeifen die Soli, scheppern die Riffs so direkt, als stünde man genau vor den Marshall-Türmen, und Bon Scott steckt sich das Mikro tief in den feuerspeienden Rachen. Das Ergebnis bringt AC/DC noch einmal 20 Plätze voran in den Billboard-Charts – auf Platz 113.

Mitte November unterbrechen sie ihre Konzerttätigkeit, um an einem neuen Album zu arbeiten. Recht früh im Jahr für ihre Verhältnisse, aber schließlich geht es um einiges. Auf der Ochsentour on the Road haben sie die Saat ausgestreut, die nächste Platte soll endlich die Ernte einbringen – vor allem in den USA. Atlantic will nichts dem Zufall überlassen und engagiert mit Eddie Kramer einen veritablen Erfolgsproduzenten, der für Jimi Hendrix epochemachend hinter den Reglern gesessen und mit seiner Arbeit für Led Zeppelin und Humble Pie das Label schon öfter glücklich gemacht hat. Harry Vanda und George Young sind alles andere als amüsiert, wollen dem Erfolg der Band jedoch nicht im Wege stehen. Die Brüder indes können ihren Ärger kaum verbergen. Sie fügen sich, aber die anschließenden Plattenaufnahmen in den Criteria Studios in Miami geraten zum Debakel. Sie trauen Kramer nicht über den Weg, und George Youngs Hilfe bei den Arrangements fehlt ihnen schmerzlich.

Manager Browning rettet die Situation, indem er sie in das winterliche London zurückholt und Kramer durch Robert John »Mutt« Lange ersetzt. Mutt Lange hatte bereits mit Graham Parker und den Boomtown Rats gearbeitet und entpuppt sich schnell als die richtige Wahl. Er weiß, was das US-Radio verlangt, und poliert ihren Sound an den richtigen Stellen, ohne ihn weichzuspülen. Vor allem Bon Scott erfährt eine Sonderbehandlung. Unter Langes Aufsicht lernt er richtig zu singen. Aber auch Malcolm und Angus profitieren von der Zusammenarbeit mit ihm: Lang besteht auf fertigen Songs, sie sind also gezwungen, aus den vielen Riffs und Skizzen ein geschlossenes Album zu formen – und merken jetzt, dass es auch ohne Unterstützung des großen Bruders ganz gut funktioniert.

AC/DC müssen durch die wochenlange Verzögerung zwar Konzerte in Japan und den USA absagen, doch die konzentrier-

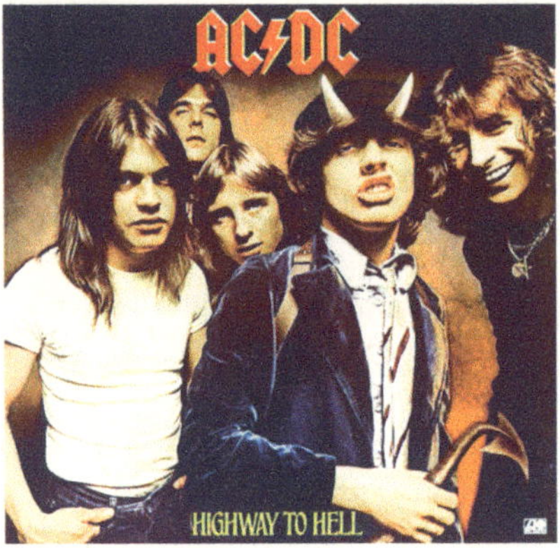


Das beste AC/DC-Album?

te Arbeit in den Londoner Roundhouse Studios soll sich auszahlen: *Highway to Hell* ist möglicherweise das beste Album ihrer bisherigen Karriere oder vielleicht sogar ihr bestes überhaupt.

Jedenfalls ist es das Album, das man immer hören kann, wenn man AC/DC hören will. Es sind wieder einmal Kleinigkeiten, die den Unterschied machen, die Refrain-Chöre zum Beispiel, die unter der Ägide von Lange mehr sind als wildes Gegröle, das dem Publikum zeigen soll, was es in der Live-Situation zu tun hat. Beim Titelsong etwa, aber auch bei »Touch Too Much«, »Walk All Over You« oder »Night Prowler« ist sehr schön zu hören, wie sie den Stücken gerade auch melodisch noch eine Schippe drauflegen. Überdies spielt Angus Young distinkter und melodiöser. Er darf nicht mehr einfach so wild in der Gegend herumfrickeln, hier kommt es auf jeden einzelnen Ton an. Und so präzise und detailgenau, wie seine Leadgitarre klingt, so akribisch hat man sie auch aufgenommen. Er sitzt neben Lange im Kontrollraum, und der schaut ihm bei jedem einzelnen Lick auf die Finger.

Nicht zuletzt merkt man auch den Kompositionen die längere Produktionszeit an. Man hat viel probiert, Riffs neu zusammengedübelt und die Ergebnisse wieder verworfen. Eingängiger wird es nicht mehr. Das beginnt schon beim staubtrockenen, fast schon asketisch zurückhaltenden, aber hypnotischen Anfangsriff des Openers »Higway to Hell«, der von nun an alle Luftgitarristen dieser Welt regelmäßig auf die Tanzfläche bestellt. Anschließend kommt das federleicht swingende »Girls Got Rhythm«, und gemeint ist, nun ja, nichts anderes als »backseat rhythm«. Bon Scott hatte zuvor angekündigt, dass er weniger schwermütige Texte dichten wolle als auf *Powerage*, um stattdessen wieder mehr sexistischen Schabernack zu treiben, und er hielt sein Versprechen.

Davon zeugt auch »Touch Too Much« mit seinen säuischen Eineinhalbdeutigkeiten: »It wasn't the first, wasn't the last / She knew we was making love / I was so satisfied deep down inside / Like a hand in a velvet glove«. Dazu hüpfen die beiden Rhythmusgitarren wie die Schulmädchen beim Gummitwist in der großen Pause, bis sie wieder zurück in die Klasse müssen und die beiden Youngs im Chorus die Akkorde mit langen Armen durchschlagen. Nach zwei Wiederholungen fleht Scott seine Braut (in diesem Fall Angus) an: »Touch Me!«, und nun zauselt und grabbelt die Leadgitarre am Riff herum, als müsste sie noch einmal klanglich das vorführen, was lyrisch der Fall ist. Am Ende des Songs darf sie noch einmal greinen und katzenjammern, damit endlich klar ist, dass es wirklich eine Berührung zu viel war.

»Shot Down in Flames« ist noch so ein genialischer Jahrhundert-Riffer. Untypisch für Bon Scott zählt der Sänger hier ein paar Abfuhren auf, die man sich als Vollmann in den 1970er Jahren so einhandeln kann, wenn man etwa eine Frau nach dem Preis fragt, weil man sie fälschlicherweise für eine Prostituierte hält … Wichtiger sind ohnehin die Schlenker und Ergänzungen des Basisriffs, in denen die Youngs im Kleinen ihre ganze Größe offenbaren.

Und dann ist da auch noch »If You Want Blood (You've Got It)«, der nachträgliche Titelsong zum letzten Livealbum. Er hat nichts zu erzählen, verkündet vielmehr die zwischen Versprechen und Drohung changierende Message der Band, immer Vollgas zu geben. Und zwar ohne Rücksicht auf Verluste. Damit die Botschaft auch überzeugend klingt, sind ein paar harte Akkord-Abschläge mehr nötig. Das Stück hat aber nicht nur Drive und eine famosen Hook, sondern auch einen magischen Moment: Angus ficht und sticht sich so durchs Solo und steigt dann wieder ein in den Chorus, den Phil Rudd mit ein paar Breaks auseinandernimmt. »If you want blood …«, beginnt der Shouter, aber jetzt folgt eine Fermate, der Akkord klingt aus, dafür bekommt die Stimme einen Echotreibsatz aufgeschnallt, »You've got iiiiiiiiiit«, als würde Bon Scott in einen gewaltigen Abgrund springen und schreiend untergehen.

Wenn ein Mensch aus heiterem Himmel stirbt, dann sucht man nach Anzeichen, notfalls auch symbolischer Natur, weil man die Sinnlosigkeit des Zufalls nicht ertragen kann. Zu bedeuten hat das meist gar nichts, ist eher ein seelischer Schutzreflex, nachträgliche Sinnstiftung. So hat man das Feuer auf dem australischen Cover von *Highway to Hell*, das Scotts Gesicht bereits teilweise einnimmt, und natürlich auch den Titelsong selbst post festum als Vorausdeutung auf seinen baldigen Tod gelesen. Dass er sich in »If You Want Blood« symbolisch in den Orkus stürzt, ist bisher offenbar noch keinem aufgefallen.

Sinnhaft ist dieser Höllensturz jedoch zunächst bereits auf der reinen Textebene. Die Lyrics propagieren ja gerade die Kompromisslosigkeit des wahren Rockers, der bis an die Grenze geht – beziehungsweise darüber hinaus. Die Art und Weise, wie Lange das an dieser Stelle inszeniert, wie er dafür eine akustische Form schafft, zeigt nur einmal mehr sein Ingenium als Produzent.

Im Grunde ist »If You Want Blood«, das drittletzte Stück des Albums, eine Art Reprise des Openers, der dieselbe Radikalität formuliert, nur vielleicht etwas lebensfroher, hedonistischer. »No stop signs / Speed limit / Nobody's gonna slow me down / Like a wheel / Gonna spin it / Nobody's gonna mess me around / Hey satan / Payin' my dues / Playin' in a rocking band / Hey mama / Look at me / I'm on the way to the promised land«.

*Highway To Hell* erscheint Ende Juli 1979: Bereits im Oktober wird das Album vergoldet, ein knappes halbes Jahr später mit Platin ausgezeichnet für eine Million verkaufte Exemplare.

Als schöner Nebeneffekt ziehen jetzt auch die Verkaufszahlen der Backlist noch einmal an. Das ist der endgültige Durchbruch für AC/DC, in den USA und dem Rest der Welt. Sogar in Australien landen sie plötzlich wieder in den Charts.

## Back on the track – in der Erfolgsspur

Die Band wächst, und das zieht eine weitere Häutungsphase nach sich: Bereits kurz vor der Veröffentlichung muss Michael Browning gehen. Die weltweit agierend Management-Agentur von Steve Leber und David Krebs garantiert der Band eine Million Dollar für die Konzertsaison im Sommer, und Peter Mensch wird ihr Sonderbewacher. Da müssen sie nicht lange überlegen und unterschreiben. Bei AC/DC ist kein Platz für Sentimentalitäten. Ohnehin sind sie längst schon wieder in den USA unterwegs. Von Mai bis August dauert der noch einmal über 50 Konzerte umfassende zweite Teil der *If You Want Blood*-Tour.

Nach einem vierzehntägigen Zwischenspiel in Europa klappern sie weiter die Vereinigten Staaten ab. Mit *Highway to Hell* im Gepäck spielen sie nur noch vor ausverkauften Häusern mit regelmäßig fünfstelligen Besucherzahlen: ein Siegeszug. Danach geht es zurück ins Königreich für 13 Gigs, allein vier davon im Hammersmith Odeon, und von dort aufs Festland.

Bon Scott ist angeschlagen, das wilde Leben und die ständige Überforderung seiner Stimme fordern ihren Tribut. Vor dem Doppelkonzert im Pavillon de Paris am 9. Dezember muss er einen Arzt konsultieren, denn ausgerechnet diese beiden Auftritte sollen aufgezeichnet werden und das Live-Futter für einen Konzertfilm liefern. Die Medikamente und die selbstverordnete Flasche Whiskey sorgen allerdings dafür, dass er wieder einmal durchhält und *Let There Be Rock* in seiner ganzen räudigen Pracht in den Kinos laufen kann. Allerdings ahnt man das Bühnencharisma des Shouters hier mehr, als dass man es wirklich vorgeführt bekommt.

Nach der wohlverdienten Weihnachtspause in Australien spielen sie noch einige Gigs in Frankreich und zwei in UK, um sich dann im Februar 1980 dem nächsten Album zu widmen. Die Stimmung könnte nicht besser sein, Atlantic verwandelt sich auf einmal in einen AC/DC-Fanclub und schüttet sechsstellige Tantiemen aus, und sogar Bon Scott scheint sich zu erholen.

Doch nach einer exzessiven Kneipentour mit zu viel Alkohol und vielleicht auch noch etwas anderem lässt ihn ein Kumpel in der Eiseskälte seines Wagens nur oberflächlich zugedeckt liegen. Bon überlebt die Nacht nicht. Vielleicht ist es die Vergiftung, vielleicht die Kälte, vielleicht die fatale Kombination aus beidem: Jedenfalls erstickt er wohl nicht an seinem Erbrochenen, wie in Erinnerung an Jimi Hendrix oft behauptet wird.

Die Band zeigt sich zutiefst bestürzt. Verfällt aber nicht in Schwermut oder gar Apathie. Im Gegenteil. Am 1. März wird Bon Scott im Familien- und Freundeskreis beerdigt. Bereits einen Monat später präsentieren sie ihren neuen Sänger und verlegen die Trauerarbeit ins Studio. Man kann das für pietätlos halten oder für eine Methode, den Kummer zu kompensieren – mit forcierter Betriebsamkeit.

Der Neue, Brian Johnson, passt zu AC/DC. Er ist mit seinem kranken, zugleich vor Kraft kaum gehen könnenden Höl-

Bei Brian Johnson, geboren 1947 in Gateshead im Nordosten Englands, ist es die Paul Butterfield Blues Band. Sie »drehten die Verstärker so weit auf, dass man sich bildlich vorstellen konnte, wie überall in Illinois die Lichter flackerten, sobald sie zu spielen begannen«, schwärmt Johnson in seiner Autobiographie *The Life of Brian*. Johnson will auch auf die Bühne. Er spielt kein Instrument, ist aber ganz gut bei Stimme, jedenfalls gut genug für diverse Dilettantentruppen. Doch um weiterzukommen, braucht er eine professionelle Gesangsanlange. Als er von der guten Abfindung hört, die man nach dem Dienst als Fallschirmjäger erhält, lässt er sich rekrutieren. Der Mann nimmt etwas auf sich für den Rock'n'Roll, hat die Hosen immer wieder gestrichen voll, aber die Army hält ihr Versprechen, zahlt ihn aus, und jetzt geht es musikalisch bergauf. Mit seiner Band Geordie nimmt er einige Platten auf, tourt ausgiebig, hat sogar ein paar kleine Hits und darf bei *Top of the Pops* ein paar Minuten sein Gesicht in die Kamera halten. Doch für den großen Durchbruch reicht es nicht. Als eines Abends ihre Vorband Nazareth den Saal auseinandernimmt, weiß er Bescheid. »In genau solch einer Band wollte ich sein.« Nachdem die Plattenfirma sie wegen ausbleibender Verkäufe endlich vom Hof gejagt hat, modelt er Geordie folgerichtig zu einer kleinen dreckigen Haudrauftruppe um, die in der nordenglischen Clubszene bald einen guten Ruf genießt. Im Brotjob arbeitet er in seiner eigenen kleinen Firma für Autotuning, und so hätte es auch weiterlaufen können. Spätestens am Abend im Pub nach dem zweiten Pint wäre er mit seinem Leben halbwegs im Reinen gewesen. Aber dann hat Bon Scott eben diesen einen Vollsuff zu viel.

lengebelfer ein adäquater Ersatzmann für Bon Scott an der Bühnenfront und besitzt denselben Malocherhintergrund.

Dabei beginnen die Auditions denkbar schlecht. Er kommt zu spät, weil er bei den Roadies im Vorraum hängenbleibt und ein paar Partien Pool mit ihnen spielt, doch als er sich dann an das Mikrophon bequemt und die Youngs ganz rustikal zusammenbrüllt, ist die Sache bald klar. Zumal er auch ihren Produzenten Mutt Lange gleich überzeugt.

Atlantic muss Johnson zunächst aus seinem alten Plattenvertrag herauskaufen, und sogar seine Band Geordie bekommt Überbrückungsgeld, um sich in Ruhe einen neuen Sänger suchen zu können.

AC/DC verlieren indes keine Zeit. Nach einer Woche in den Londoner E-Zee Hire Studios, wo sie sich aufeinander eingrooven und an neuem Material arbeiten, geht bereits ihr Flieger. Das steuerlich und landschaftlich günstig gelegene Compass Point Studio in Nassau, Bahamas, ist frei geworden.

Zeit- und Erfolgsdruck machen nicht nur Johnson zu schaffen. Er kommt kaum hinterher mit seinen Lyrics, doch die Sonne auf den Bahamas und vor allem Produzent Mutt Lange setzen jene besondere Kreativität frei, die man nicht mehr selbst in der Hand hat, für die man am Ende nicht mal mehr selbst verantwortlich zu sein scheint. Die Alten sprachen vom »furor divinus«, und so ähnlich beschreibt es auch Johnson in seiner Autobiographie:

> Ich habe keine Ahnung, woher diese Energieimpulse kamen, ich weiß es wirklich nicht. Sie brachen förmlich aus mir heraus. Es machte mir fast schon Angst. Es war, als tobe ein Dämon in mir, und ich konnte mir absolut nicht erklären, woher das alles kam.

Am Ende ist es Bon Scott? Der Neue sagt das nicht explizit, aber man soll das wohl mitdenken.

Beim Titelsong »Back in Black« tritt Brian Johnson dann auch als eine Art Medium auf, als sei Scotts Geist in ihn gefahren. Johnson leiht ihm eine Stimme, schwingt die gleichen großmäuligen Selbstermächtigungs-Parolen, aber dieses Mal geht es um mehr, dieses Mal hat Bon anscheinend sogar dem Tod ein Schnippchen geschlagen respektive in die Eier gehauen. »Back in black, I hit the sack / I've been too long, I'm glad to be back / Yes, I'm let loose from the noose / That's kept me hanging about / I'm just looking at the sky 'cause it's getting me high / Forget the hearse, 'cause I'll never die / I got nine lives, cat's eyes / Abusing every one of them and running wild«. Er hat die Schlinge vom Hals genommen und insofern für den Leichenwagen keine Verwendung. In der ersten Strophe feiert Bon die eigene Auferstehung. Und Brian Johnson stellt sich dafür als Lautsprecher zur Verfügung. Doch spätestens in der zweiten Strophe zeigen sich dann doch die stilistischen Differenzen der beiden überdeutlich. Während Scott zumindest in seinen besten Texten Balladen, Moritaten, Romanzen schreibt, also Erzählgedichte mit Alltags- und Straßensujets, seiner Zeit gemäß durchaus sexistisch, aber mit charmantem Augenzwinkern, sind Johnsons Lyrics deutlich weniger narrativ. Sie kaprizieren sich eher auf Sprachklang und Suggestion, und zwar durchaus auf Kosten des Gehalts des Textes, der nicht selten zum Nonsens oder, wenn man noch eine Schippe drauflegen will, zur »Poésie pure« tendiert. »Back in the back of a Cadillac / Number one with a bullet, I'm a power pack / Yes, I'm in a bang with a gang / They've got to catch me if they want me to hang / 'Cause I'm back on the track and I'm beatin' the flack / Nobody's gonna get me on another rap«.

Tatsächlich rappt er hier beinahe mit dem Wortmaterial. Johnson hat wenig zu erzählen. Er skizziert eine Stimmung oder eine Standardsituation aus dem großen Mythenbaukasten des Rock'n'Roll, um sie weiter zu paraphrasieren, fast schon impressionistisch mit Alliterationen, Assonanzen und (Binnen-)Reimen auszutupfen.

Seine Komik bewegt sich dabei auf dem Niveau einer Männerrunde im Pub, die schon ein paar Pints intus hat. Seine forcierte Machismo-Nummer ist natürlich genauso wenig ernst gemeint wie bei seinem Vorgänger, zumal er die Ladykiller-Rolle nur bedingt ausfüllt und erklärtermaßen lieber Kreuzworträtsel löst, doch wo bei Bon Scott oft eine augenzwinkernde Andeutung reicht, pinselt Brian Johnson alles zur Kenntlichkeit aus. Die grobschlächtige Ironie eines Song wie »You Shook Me All Night Long« wäre aus Bons Feder nur schwer vorstellbar, doch klanglich kann man diesen Versen kaum widerstehen, kein Wunder, dass alle den Quatsch mitgrölen. »She was a fast machine, she kept her motor clean / She was the best damn woman that I ever seen / She had the sightless eyes, telling me no lies / Knocking me out with those American thighs / Taking more than her share, had me fighting for air / She told me to come, but I was already there / 'Cause the walls start shaking, the Earth was quaking / My mind was aching and we were making it / And you shook me all night long / Yeah, you shook me all night long«.

Was sich an diesen Beispielen zeigen lässt, darf man getrost hochrechnen. Hier erklingt eine völlig andere Stimme. Auch physisch. Mutt Lange weist ihm den Weg in die allerhöchsten Keifregister, »und zwar ohne meine Hoden mit einem Nussknacker zu bearbeiten, wie gerüchteweise behauptet wurde«, scherzt er in seiner Autobiographie. Sein schriller, von ganz tief unten aus der Kehle gepresster Nichtgesang ist absolut limitiert – und ein Ereignis. Dieser stimmliche Extremismus lässt von Anfang an keine Vergleiche mit Bon Scott zu. Das hier ist etwas komplett anderes. Allerdings überzeugt die fulminante Energieleistung, mit der Johnson diesen nur teilweise menschlichen Sound nach oben pumpt, auch die alten Fans sofort. Die Arme angewinkelt, eng an die Brust gepresst, um genügend Kompression aufzubauen, tief übers Mikrophon gebuckelt, mit schmerz- oder wenigstens vor Anstrengung verzerrtem Gesicht, zeigt er, dass er den Job ernst nimmt und dass er sich zu schinden bereit ist, um sich seines Vorgängers würdig zu erweisen.

Die Art und Weise, wie man die Wachablösung am Mikrophon inszeniert, mit der Höllenfahrt im A-Seiten-Opener »Hells Bells«, dem dann auf »Back in Black«, dem Eröffnungsstück der B-Seite, folgerichtig die Auferstehung nebst Ausgießung des Heiligen Geistes in Brian Johnson folgt, mag einem geschmacklos erscheinen. Aber diese schräge Theatralik passt zu Scott wie dessen Faust aufs Auge des Thekenbuddys. *Back in Black* jedenfalls ist das AC/DC-Album, das ihr Konzept voll auf den Punkt bringt. Diese Songs sind simpel, aber sie sind dies aus vollem Kalkül. Sie gehorchen einer Art Mangelökonomie, die jedem einzelnen Akkord Bedeutung beimisst. Malcolm Young ist der Strippenzieher im Hintergrund, der Mann mit dem untrüglichen Gespür für Dramaturgie, für Kleinstnuancen, die einen Song zum Laufen bringen. Und er koordiniert das traumwandlerisch dichte Zusammenspiel mit seinem Bruder. Wie sich ihre rudimentären Powerchords ineinander verflechten, wie durch geringfügige Auf- und Abschlagsvariationen, kleine Füllsel oder Melodieverschiebungen eine dichte Textur entsteht: Das ist große Riffschmiedekunst. Und einmal mehr achtet Mutt Lange darauf, dass genügend Hooks anfallen. Mit »Hells Bells«, dem Titelsong, »You Shook Me All Night Long« und »Rock And Roll Ain't Noise Pollution« enthält das Album nicht weniger als vier Single-Auskopplungen, zwei weitere Songs, »Let Me Put My Love Into You« und »What Do You Do for Money, Honey«, bekommen ebenfalls ein Promovideo, ohne konkrete Zweitverwertungsabsichten. Guter Schnitt. Das Album landet dann auch weltweit in den Charts, in den USA und Deutschland unter den Top Ten, in Frankreich, Großbritannien, Kanada und Australien sogar auf eins. Vor allem sollte in den nächsten Jahren und Jahrzehnten die Nachfrage nie wirklich abreißen. Mittlerweile steht es mit einer Auflage von 26 Millionen Exemplaren auf Platz vier der meistverkauften Alben in den USA. Mutt Lange hatte maßgeblichen Anteil an dem exorbitanten kommerziellen Erfolg des Albums. Seine Produktion schafft beinahe so etwas wie die Quadratur des Kreises. Sie ist einerseits so geschliffen, dass die US-Radiosender nicht mehr an dem Werk vorbeikommen. Andererseits hat sie so viel Druck und Intensität, nicht zuletzt durch die Sonderbehandlung, die Lange dem Sänger angedeihen lässt, dass die gerade Fahrt aufnehmende Jugendkultur des Heavy Metal sich unmittelbar angesprochen fühlt (nicht von ungefähr benutzt die Produzenten-Ikone Rick Rubin die Platte als Referenzgröße für seine Arbeit im Studio). Für die junge Szene gehören AC/DC von Anfang an dazu, und Angus' Konterfei ziert regelmäßig die Titelseiten der Spartenblätter. So langsam scheint nun aber auch der Mainstream-Musikpresse zu dämmern, was die Stunde geschlagen hat.

Ende Juli erblickt *Back in Black* das Licht der Welt. Da sind sie längst schon wieder auf Tour, die sie bis Ende Februar 1981 nach Nordamerika, Europa, Australien und Japan führt und

*Back in Black* ist »nicht nur das Beste von AC/DCs sechs amerikanischen Alben, sondern ein Höhepunkt der Heavy-Metal-Kunst. Die erste LP seit *Led Zeppelin II*, die es schafft, Blut, Schweiß und Arroganz des Genres einzufangen. Malcolm Young verankert Songs wie ›Hell's Bells‹, ›What Do You Do for Money, Honey‹ und ›Shake a Leg‹ [...] mit seiner beinahe perkussiven Holzfällergitarre rhythmisch, während sein Bruder Angus wie ein Wilder den Hals seiner Klampfe misshandelt und dabei irre Soli ausspuckt, die perfekt zu seinen Schuljungen-Tobsuchtsanfällen auf der Bühne passen. Da in AC/DCs kriegerischer Welt weniger mehr ist, leistet sich die Band als einzigen Luxus die saubere, vitalisierende Produktion von Robert John Lange. Leider werden nur wenige unter all dem Lärm das Talent dieser Band erkennen.«

Der sagenumwobene David Fricke im *Rolling Stone*

nicht zuletzt für den Neuen ein grandioser Siegeszug wird. Die Tatsache, dass Johnson auf der Bühne und in den Interviews immer und ausnahmslos als Grundsympath rüberkommt, der sein Glück kaum fassen kann, spielt keine geringe Rolle dabei.

Als sie im August des Jahres, da sind sie eigentlich schon wieder im Studio, beim prestigeträchtigen Monsters of Rock Festival in Castle Donington als Headliner auftreten, ist das nur der offizielle Ritterschlag. Sie sind längst angekommen im Kreis der Stadionbands. Und auch in diesem Format können sie nicht nur bestehen, sondern bauen ihre Position noch weiter aus, nicht zuletzt mit spektakulären Bühnen-Gimmicks. Den Anfang macht die Höllenglocke, bei der anschließenden *For Those About to Rock*-Tour kommt ein ganzes Arsenal von

Kanonen für das Salutschießen in der Zugabe hinzu. Kurz: Der überlebensgroße Mummenschanz und die noch immer energetische Bühnenperformance sorgen allemal für ausverkaufte Häuser.

Unterdessen darf auch endlich *Dirty Deeds Done Dirt Cheap* in den USA erscheinen. Die Youngs zögerten zunächst, weil sie nicht mehr die Band sind, die sie mal waren, stimmen dann jedoch unter zwei Bedingungen der Veröffentlichung zu: Das Album kommt erstens mit vermindertem Preis und zweitens mit einem Aufkleber in die Läden, der anzeigt, dass es sich um eine historische Aufnahme handelt. Und es wird sich lohnen: Die Altlast steigt bis auf Platz 3 der Billboard-Charts und hält sich viele Wochen in den Top 200. Und so geht es weiter, denn nach der Tour ist vor dem Album. Mutt Lange ist gesetzt, als schwieriger erweist es sich jedoch, einen passenden Aufnahmeort zu finden. Seit Mai arbeiten sie in einem alten Lagerhaus in den Pariser Banlieues an neuem Material, für Juni buchen sie die nahen EMI Pathé Marconi Studios. Was einstmals für die Beatles getaugt hat, ist für AC/DC zu wenig. Die Räume klingen nicht. Alternative Studios sind nicht frei, also ziehen sie mit mobilem Gerät zurück in die Lagerhalle und nehmen dort die Basic Tracks und anschließend im Pariser Family Sound Studio den Gesang auf. Die Arbeit geht schleppend voran, wird noch dazu unterbrochen vom erwähnten Prestige-Auftritt in Castle Donington. Man hat zwar bewusst mehr Zeit eingeplant, um nicht wieder so einem Produktionsstress zu unterliegen wie beim Vorgänger, kann aber so recht nichts damit anfangen. Der Flow geht verloren, irgendwann sind sie einfach nur froh, fertig zu sein.

Das hört man, auch wenn sie mit *For Those About to Rock We Salute You* in den USA zum ersten Mal auf dem Spitzen-

# Bühnengimmicks

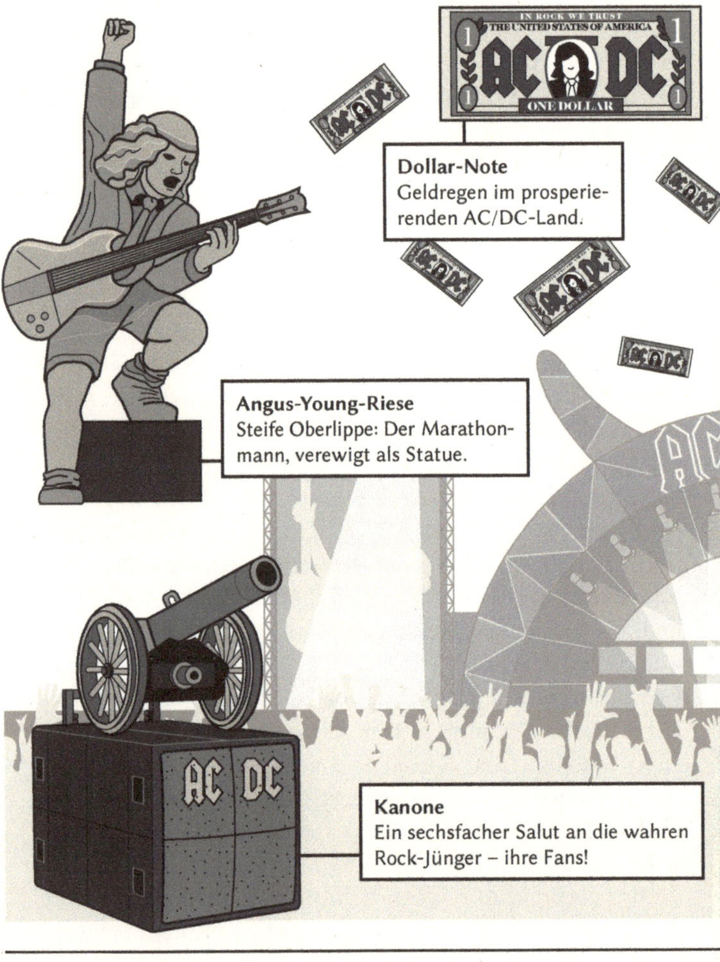

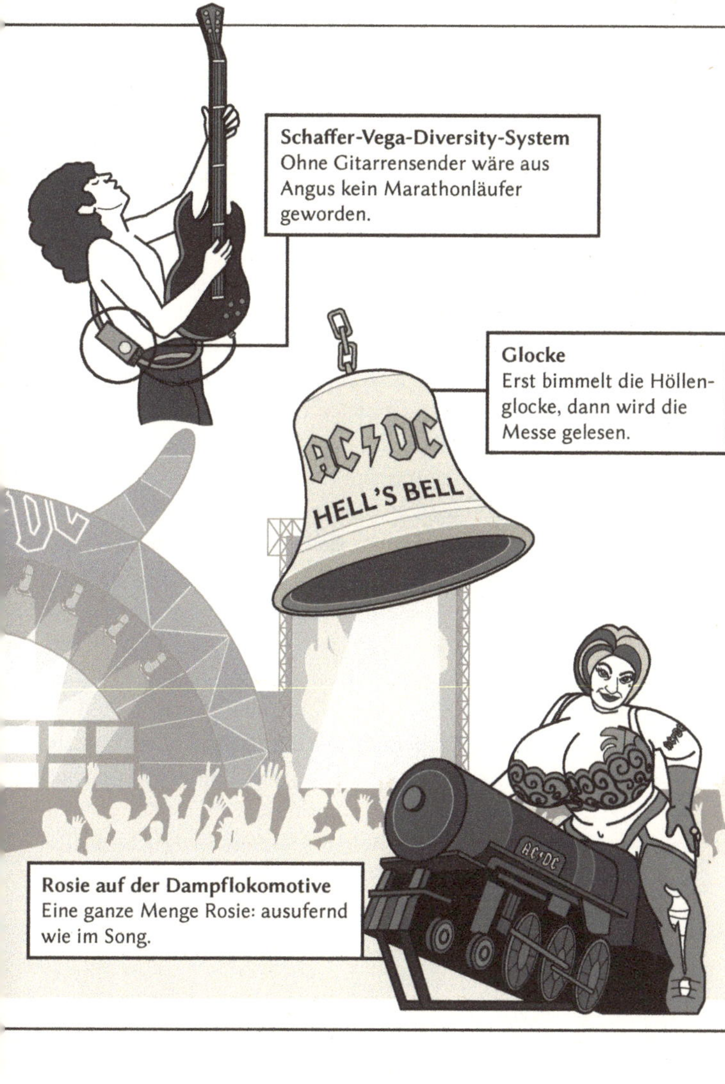
Schaffer-Vega-Diversity-System
Ohne Gitarrensender wäre aus Angus kein Marathonläufer geworden.
Glocke
Erst bimmelt die Höllenglocke, dann wird die Messe gelesen.
AC/DC
HELL'S BELL
Rosie auf der Dampflokomotive
Eine ganze Menge Rosie: ausufernd wie im Song.
AC/DC

platz der Charts landen und innerhalb eines Monats bereits die erste Platin-Auszeichnung bekommen. An die Strahlkraft von *Back in Black* reicht das Album nicht heran, wiewohl es mit dem Titelsong einen ihrer größten Hits enthält, mit dem man bald darauf jedes reguläre Showende zelebriert. Diese effektvolle, dramaturgisch perfekt gebaute Hymne ist pures AC/DC-Ingenium und wäre in dieser Form vermutlich überhaupt keiner anderen Band eingefallen. Wie sie sich hier symbolisch mit ihrem Publikum zu einer unschlagbaren Einheit formieren, das ist lächerlich, dampft vor martialischem Pathos – und schnürt empfänglichen Kleingeistern wie mir trotzdem verlässlich und jedes Mal aufs Neue die Kehle zu. »Stand up and be counted / For what you are about to receive / We are the dealers / We'll give you everything you need / [...] / We're just a battery for hire with a guitar fire / Ready and aimed at you / Pick up your balls and load up your cannon / For a twenty-one gun salute«. Wenn Johnson nach den Breaks mit vielen »Fire«- und »Shoot«-Rufen, auf die dann jedes Mal richtige Kanonen antworten, die Bungee-Seile in seinem Hals noch einmal bis zum Anschlag dehnt und wie ein Besessener seinen Salut herausbrüllt, dann lasse ich mich gern und wider besseres Wissen rekrutieren von der AC/DC-Armee, bin aber gleichzeitig froh, dass alles nur ein großer metaphorischer Spaß ist.

Bei einigen langsamen, bluesbehauchten Nummern graben sie sich noch einmal erfolgreich zu ihren Quellen durch. Wie in »Breaking the Rules« zum Beispiel, einem lässig schunkelnden Aufruf zur Rebellion, einem Appell an die Randständigen, kein Jota mehr zurückzuweichen vor den »Regulation fools with their regulation rules«. »Spellbound« beschreibt textlich und auch musikalisch mit seinem sich zaghaft vortastenden Riff einen klammheimlichen Blick durchs Schlüsselloch, bei dem es Johnsons Rollen-Ego Atem und Sprache verschlägt. Und »Let's Get It Up« tänzelt so lasziv auf der Stelle, dass es einem auch nichts mehr ausmacht, dass Käpt'n Johnson, dieser Pirat der Leidenschaft, sich in seinen säuischen Verklausulierungen vollständig verheddert. »Loose lips, sink ships / So come aboard for a pleasure trip / It's high tide, so let's ride / The moon is rising and so am I«. Man gibt sich allerdings auch mit Mittelmaß wie »Put the Finger on You« und »Evil Walks« oder sogar schlichten Albernheiten wie »Inject the Venom« und »C. O. D.« zufrieden. Die *Washington Post* moniert nicht ganz zu Unrecht, dass einige Songs mittlerweile wie »Parodien« ihrer selbst klingen. Der kurzfristige Chart-Triumph ist somit wohl dem Verzögerungseffekt des großen Marktes und der wieder aufgenommenen Konzerttätigkeit in immer größeren Venues geschuldet.

## Feel the blood run – im Abwärtsstrudel

Die Rolling Stones bieten ihnen eine Million für einen Support-Auftritt, aber die Zeiten sind vorbei, dass sie für eine andere Band eröffnen. Geplant ist es schon für September, es wird allerdings November, bis sie wieder auf der Straße sind. Die große Nordamerika-Tour läuft bis Ende Februar 1982, nach einer Pause geht es im Juni weiter in Japan. Sie planen diverse Open-Air-Shows in Deutschland und Frankreich, die allesamt ausfallen. Gerüchte besagen, es krisele in der Band. Da ist wohl etwas dran. Doch sie raufen sich zusammen und betouren von September bis Mitte Dezember England und den Rest Europas.

Man gönnt sich keine große Pause. Im April reist die Band schon wieder nach Nassau auf die Bahamas, um ihr neuntes Album einzuspielen. Die Compass Point Studios hatten sich bei *Back in Black* bewährt. Aber dieses Mal ist doch wieder alles anders: Die Gebrüder Young mustern ihren Erfolgsproduzenten Mutt Lange aus und produzieren das Album selbst. Sie sind genervt davon, dass alle Welt den Erfolg ihrer Band Lange zuschlägt, und wollen back to the roots. »Die Platte sollte so roh wie möglich klingen«, konstatiert Angus Young in einem Interview aus dem Jahr 1983. »Wir wollten einen natürlichen, aber großen Sound für die Gitarren, ohne Hall, Echos und irgendwelche Noise-Unterdrücker.«

All das hatte ihnen Lange für *Back in Black* und *For Those About to Rock* verordnet, und der Erfolg hatte ihm durchaus Recht gegeben. Für Malcolm Young war diese Politur jedoch eine zu deutliche Abweichung von der reinen Lehre. »Es gibt da diesen Song ›Mannish Boy‹ von Muddy Waters in einer Version von Johnny Winter. Da schreien alle im Hintergrund herum. Malcolm wollte diese Atmosphäre einfangen – als befände man sich in dem Raum, in dem es gerade passiert«, erinnert sich Toningenieur Tony Platt. Nicht überall, aber auf »Guns for Hire«, der ersten Single-Auskopplung und einem der besten Songs des Albums, entsteht wirklich diese wie in einem Bienenstock brummende Session-Stimmung. Platt zeigt sich dennoch wenig angetan von der Idee der Youngs, alles selbst machen zu wollen. Nachher ist man immer klüger.

Die Aufnahmen zu *Flick of the Switch* stehen ohnehin unter keinem guten Stern. Phil Rudd hat ein ziemliches Drogenproblem und ist deshalb schon auf der letzten Tour mit Malcolm aneinandergeraten, weil er nach einer zermürbenden Nacht zu spät zum Gig erschien und dann, eine Kardinalssünde im Moralkodex der Band, körperlich nicht mehr in der Lage war, die Zugabe zu Ende zu spielen. Malcolm hingegen säuft zu viel. Es gärt schon eine Weile in der Band, das Tourneegeschäft zerrt an den Nerven aller Mitglieder. Es braucht nur einen Anlass, einen Streit, ein Missverständnis, ein bisschen Ranküne, Genaues weiß man nicht: Jedenfalls fliegt Rudd aus der Band – und kehrt erst zwölf Jahre später zu den Aufnahmen von *Ballbreaker* zurück. Glücklicherweise sind die Drum Tracks für das neue Album bereits im Kasten.

Für AC/DC-Verhältnisse wird *Flick of the Switch* zunächst

ein Flop. Die Platte kommt zwar überall in die Top-Twenty-Charts unter, und in diversen Ländern reicht es für Goldene Schallplatten, aber nur in Australien und den USA wird das Album mit Platin dekoriert. Wenn man die Verkaufszahlen der beiden Vorgänger zum Vergleich nimmt, kann man die Enttäuschung schon irgendwie verstehen.

Aber es liegt nicht am Sound. Das Songwriting ist einfach nicht mehr so suggestiv. Offenbar war der Riff-Fundus leergeplündert und die meisten zwingenden Refrain-Trümpfe ausgespielt – und in diesem Moment beginnt AC/DCs erste kreative Flaute, die noch ein paar Alben anhalten soll. Ein versierter Produzent hätte sie vielleicht nicht so einfach davonkommen lassen, hätte an den Songs noch weitergearbeitet und auf das eine oder andere Selbstplagiat hingewiesen. Vielleicht hatten die Youngs auch genau das befürchtet und Lange deshalb vor die Tür gesetzt – weil er sie auf die Defizite hingewiesen hätte, sie an diesem Punkt ihrer Karriere aber einfach nicht mehr zu leisten imstande waren. Jedenfalls bleibt auch der Musikpresse der Substanzverlust nicht verborgen, und entsprechend lauwarm bis pampig fallen die Besprechungen aus. *Flick of the Switch* sei »nicht ganz der Mega-Knaller wie das 1980er *Back in Black*«, moniert der *Rolling Stone*, und »auch die Umrüstung alter Riffs zu neuen Hits« überzeugt ihn nicht.

Später wird das Album immer mal wieder rehabilitiert, vor allem von der Metal-Spartenpresse, die sich in dem Werk offenbar am ehesten wiederfindet. Vielleicht war das ja auch von Anfang an intendiert mit dieser rohen, rabaukenhaften Produktion – Anschluss zu halten an den Heavy Metal, der langsam vom Mainstream absorbiert wurde. Das Album klingt hart und direkt, auch Brian Johnson kreischt weiterhin wie hundert rostige Gartentüren, die Band spielt auf den Punkt, und natürlich handelt es sich immer noch um ein verdammtes AC/DC-Album. Bei »Guns For Hire« und »Deep in the Hole« swingen die Riffs wie eh und je, auch »Bedlam in Belgium«, »This House is on Fire« und »Landslide« haben ihre großen Momente, doch die anderen Songs hat man von ihnen in anderer Verpackung einfach schon mal besser gehört, und bei »Badlands« greift Angus Young zwar zur Slidegitarre, um mal etwas anderes zu versuchen, es kommt dann aber nur ein mauer Abklatsch von George Thorogoods »Bad to the Bone« heraus. Malcolm Youngs späteres Fazit: »Es wurde alles ziemlich schnell zusammengeworfen, ich würde nicht sagen, dass es ein großes Album ist …«

Auch Brian Johnsons Litaneien vom Outlaw, der erst mal die Knarre zieht und dann nach dem Weg fragt, und sein eindeutig zweideutiges Omnipotenz-Geprotze sind mittlerweile ziemlich erwartbar – um es diplomatisch zu formulieren. In »Bedlam in Belgium« erzählt er eine Anekdote, die auf einem Vorfall im belgischen Kontich beruht: Der Gig an jenem denkwürdigen 9. Oktober 1977 im Thier Brau Hof wurde vorzeitig von bewaffneten Polizisten beendet, weil AC/DC die Sperrstunde nicht eingehalten hatten. Infolgedessen kommt es zu einer Saalschlacht. Das eigentlich Kuriose an der Sache ist, dass Johnson damals noch gar nicht zur Band gehört, sein lyrisches Ich hier also in die Rolle von Bon Scott schlüpft, um die Ereignisse zu rekapitulieren. »He gave me a crack in the back with his gun / Hurt me so bad I could feel the blood run«. Wenn er mal etwas zu erzählen hat, dann ist der Stoff auch noch geborgt.

Eine neuerliche US-Tour steht bevor, und sie brauchen einen neuen Schlagzeuger. Die Legende besagt, 700 Drummer sollen vorstellig geworden sein, kaum denkbar, aber sie nehmen sich offensichtlich Zeit für die Besetzung dieses im minimalistischen AC/DC-Kontext überaus wichtigen Amtes des Groove-Ministers. Wie üblich bekommt ein Nobody mit Profi-Ambitionen und Malocher-Hintergrund den Zuschlag (in der entsprechenden anonymen Zeitungsannonce soll gestanden haben, dass man sich lieber gar nicht erst in den Vorspielraum bemühen solle, wenn man nicht hart schlage): Simon Wright hat Erfahrungen bei diversen Hard-&-Heavy-Bands gesammelt, von denen Tora Tora, A II Z und Tytan zumindest eine Fußnote in der Metal-Geschichte hinterlassen haben. Wright ist bodenständig, unkompliziert und hält den Beat bis zum Sankt-Nimmerleins-Tag. Mehr braucht die Band nicht, also bekommt er den Job.

Oktober bis Dezember sind sie in den USA und Kanada unterwegs, die Shows sind immer noch gut besucht, aber selten ausverkauft. Das neue Album zieht nicht. Sie dosieren die Konzertreisen, um mehr Zeit mit der Familie verbringen und in Ruhe das nächste Album vorproduzieren zu können. Folglich stehen sie erst im August 1984 auf europäischen Bühnen. Auch hier macht sich eine gewisse Übersättigung bemerkbar, die letzte Show in Paris ist nur zu einem Drittel gefüllt, und Malcolms Alkoholismus wirkt sich mittlerweile auf die Qualität ihrer Shows aus. Immerhin, ihr zweiter Headliner-Auftritt auf dem Monsters of Rock in Castle Donington wird viel bejubelt.

Gleich im Anschluss gehen sie ins Mountain Studio nach Montreux, aber obwohl sie eigentlich genügend Zeit für das Songwriting hatten, kommt nicht viel dabei heraus. Es ist kein einziger echter Hit auf *Fly on the Wall*, allenfalls »First Blood« und »Sink the Pink« halten annähernd das alte Niveau. Nicht mal retrospektiv hat die Fan-Gemeinde ihren Frieden machen können mit diesem Album. Für das *Classic Rock*-Magazin klingen sie mittlerweile wie eine AC/DC-Tribute-Band an einem schlechten Abend. Und so falsch war das nicht.

Wieder übernehmen die Youngs die Oberaufsicht und produzieren ein fettes, krachendes Gitarrenalbum, das Brian Johnson kaum noch Platz lässt. Um die Lyrics ist es nicht schade, die jetzt wirklich nur noch grenzdebiler Blödsinn sind.

Doch auch das Gesamtbild stimmt nicht: Zum einen dienen sie ihren Sound den Hörgewohnheiten der Metaller an, zum anderen versuchen sie, Johnsons Defizite zu übertünchen. Seine Stimme ist langsam abgenutzt vom ständigen Missbrauch. Es mischt sich ein unsauberes Gurgeln in die Intonation, das seiner Stimme die durchdringend stechende Prägnanz der ersten Alben nimmt.

AC/DC versuchen alles, um am Ball zu bleiben. Sie nehmen jetzt sogar zähneknirschend ein knapp halbstündiges Video mit sechs Stücken auf, um MTV endlich ansprechend bedienen zu können. Dennoch wird 1985 nicht ihr Jahr, obwohl es gut beginnt und sie im Januar beim Mammutfestival Rock in Rio an zwei Abenden als Headliner abräumen. *Fly on the Wall* erscheint erst im Juni 1985 und floppt. Noch einmal halbieren sich die Verkaufszahlen im Vergleich zum Vorgänger.

Die anschließende US-Tour steht im Schatten des Ramirez-Falles: Der Serienmörder Richard Ramirez, der monatelang Kalifornien in Atem gehalten hat, wird kurz vor Tourbeginn gefasst und entpuppt sich als glühender AC/DC-Fan. Die konservativen Kinderschützer vom Parental Music Resource Center (PMRC) und die üblichen Frömmler argwöhnen, dass ihre Musik, nicht zuletzt der Song »Night Prowler« mit seinem vermeintlichen Killer-Szenario, den Psychopathen zu seinen Taten angestiftet haben könnte. Der PMRC verlangt Konsequenzen, und ein Ausschuss des Senats nimmt sich der Sache an, doch der erste Zusatzartikel der Verfassung leistet wieder einmal gute Dienste: Alles wird von dem Recht auf Redefreiheit gedeckt. Dennoch bekommt die ganze Kampagne Züge einer Hexenjagd. Die rechte Presse brandmarkt sie als jugendgefährdende Satanisten, und der Stadtrat von Springfield, Illinois, verhängt ein Auftrittsverbot, das dann allerdings vom Gericht wieder einkassiert wird. Die Band zieht ihr Programm schulterzuckend durch und bekommt immer mehr Auftrittsangebote. Anwürfe aus konservativen und klerikalen Kreisen sind immer noch die beste Werbung für den Rock'n'Roll. Bis Ende November sind AC/DC in den USA unterwegs, und nach der obligatorischen Weihnachtspause geht es noch für vier Wochen mit 25 Konzerten nach Europa.

Trotz der einigermaßen glimpflich abgelaufenen Tour blinken die Warnlampen im AC/DC-Lager. Während sie noch überlegen, wie man dem kommerziellen Abwärtstrend begegnen könne, naht auch schon die Rettung. Der Bestsellerautor und AC/DC-Addict Stephen King lädt sie ein, den Soundtrack zu seinem Film *Maximum Overdrive* (dt. *Rhea M – Es begann ohne Warnung*) zu liefern. Geplant ist eine Mischung aus Klassikern und zwei, drei neuen Songs. Die Youngs halten eigentlich nicht viel von Best-of-Kompilationen, doch in dieser Phase der kreativen Planlosigkeit stimmen sie zu, froh, nicht gleich wieder ein ganzes Album einspielen zu müssen. Sie treten kalkuliert einen Schritt zurück und ziehen noch eine weitere Lehre aus dem Misserfolg: Sie brauchen jemanden, der ihnen bei der Produktion auf die Finger schaut, und überzeugen noch einmal Harry Vanda und George Young, ihnen nach Nassau in die bewährten Compass Point Studios zu folgen.

*Who Made Who* erscheint im Mai 1986, zwei Monate vor dem Kinostart von *Maximum Overdrive*. Das Album enthält Gassenhauer wie »Hells Bells« oder »You Shook Me All Night Long« und, nicht ganz so erwartbar, Bon Scotts Meisterstück »Ride On«, mit dem Titelstück jedoch eben auch eine Neukomposition, die endlich wieder die alten Stärken der Band ausspielt, als da wären Schunkel-Beat, Achtel-Bass und eingängige Riffs. Die beiden Instrumentalstücke »D. T.« und »Chase the Ace« stören nicht weiter, aber »Who Made Who« weist in die richtige Richtung. Entsprechend gut verkauft sich der Soundtrack, und das obwohl Stephen Kings Regiedebüt an den Kinokassen krachend durchfällt. Die anschließende Tour durch die USA ist ausverkauft. AC/DC sind zurück.

Der Erfolg der Single »Who Made Who« überzeugt Band und Plattenfirma, die Zusammenarbeit mit ihrem alten Produzentengespann fortzusetzen. Allerdings lassen es die Bandmates langsam angehen, tauchen alle erst einmal ins Privatleben ab. Erst im neuen Jahr beginnen Malcolm und Angus langsam damit, ihre Riffs zusammenzuschmeißen und neue Songs auszuarbeiten. Im Spätsommer treffen sie sich mit der Band in Südfrankreich, in einem idyllisch zwischen Weinbergen gelegenen mittelalterlichen Schloss, das die Miraval Studios beherbergt. George Young nimmt sich vorher noch Malcolm zur Brust, dessen Alkoholabhängigkeit mittlerweile für alle Beteiligten offensichtlich geworden ist. Ohne Erfolg. Dennoch wird *Blow Up Your Video* ein weiterer Schritt in die richtige Richtung. Es gibt immer noch reichlich nichtssagendes Riff-Geschrubbe und überaus dümmlichen, oft nicht einmal mehr metaphorisch überformten Schweinkram, aber immerhin die Hälfte der Songs wie die Single-Auskopplung »Heatseeker«, »Go Zone«, »Nick of Time« und »Ruff Stuff« atmen schon fast wieder den alten Geist der Band und swingen bisweilen sogar recht ordentlich. Überdies verordnen ihnen die beiden Produzenten einen etwas transparenteren Gitarrensound. Malcolms Gretsch unterscheidet sich wieder durch mehr Knusprigkeit vom stärker komprimierten Overdrive-Modus seines Bruders.

Das Album erscheint im Januar 1988 und stößt auf recht positive Resonanz. Die Kritiken loben die Rückbesinnung auf alte Tugenden, und die Fans greifen zu. So landet *Blow Up Your Video* etwa in England, Deutschland, Australien unter den Top Ten, in den USA immerhin auf Platz zwölf. Obwohl der Albumtitel als Kritik an der infantil bunten MTV-Kultur der 1980er Jahre zu verstehen ist, geht es auch bei ihnen nicht ohne. David Mallet, der sich seit *Who Made Who* um die Promofilmchen kümmert, lässt Angus analog zum Cover durch einen Papierbildschirm springen.

Nach der mehr als einjährigen Pause läuft jetzt auch wieder die Tourmaschine an. Bereits im Februar treten sie nach siebenjähriger Abstinenz in Australien auf, März und die Hälfte des Aprils gehören Europa.

Und dann erkennt Malcolm Young endlich, dass es nicht mehr weitergeht, dass sein Alkoholismus längst zu einem Risiko für die Show geworden ist: »Ich bin ziemlich klein, gerade mal 1,57. Aber ich wollte mit den großen Jungs mithalten. Das hat mich fertig gemacht. Die Leute konnten sich nicht mehr auf mich verlassen«, lässt er später verlauten. Er zieht sich von der laufenden Tour zurück und meldet sich bei den Anonymen Alkoholikern an. Der beste Chef ist bekanntermaßen einer, bei dem die Arbeit einfach weitergeht, auch wenn er mal nicht da ist. Natürlich denkt niemand an einen Abbruch der Tournee.

Vielleicht wurde Stevie Young früh genug vorgewarnt, vielleicht ist er mit dem Werk seiner beiden Onkel ohnehin gut vertraut, immerhin hat er 1980 die UK-Tour mit seiner Band Starfighters als Support begleitet – jedenfalls reichen drei Wochen, um ihm das Set einzubläuen. Am 3. Mai in Portland, Maine, steht er bereits links hinten auf der Bühne. Er spielt Malcolms Gretsch, nutzt seine Marshall-Amps und sieht auch noch genauso aus wie er. Atlantic veröffentlicht zwar eine Pressemitteilung, dennoch werden die meisten Konzertbesucher kaum mitbekommen haben, dass Malcolm gar nicht mehr dabei ist. Über ein halbes Jahr, bis Mitte November, sind AC/DC nun in Nordamerika unterwegs, der Tourkalender ist prall gefüllt. Am Ende spielen sie in diesem Jahr 110 Shows in 105 Städten und erzielen einen Erlös von über 20 Millionen Dollar.

## We'll get full of desire – erfolgreiche Regeneration

In der Folge nehmen sich AC/DC eine fast zweijährige Bühnenpause. Malcolm braucht eine Weile, um seine Gesundheit auf Vordermann zu bringen, beginnt aber doch irgendwann, an neuen Songs zu arbeiten. Ohne Hast, ohne Zeitdruck. Die Band befindet sich in Warteposition. Zum Leidwesen von Simon Wright, der irgendwann die Geduld verliert. Er will wieder ins Studio, auf die Bühne und schließt sich der Band des Ex-Rainbow- und Black-Sabbath-Sängers Ronnie James Dio an. Wieder einmal suchen AC/DC einen Schlagzeuger. Dieses Mal fällt die Wahl auf Chris Slade, der lange in Manfred Mann's Earth Band, danach bei Uriah Heep, The Firm und schließlich Gary Moore gespielt hatte.

Slade ist ein Veteran auf dem Drumpodest, insofern untypisch für AC/DC, noch dazu ist er älter, zwei Köpfe größer und trägt Glatze. Er passt eigentlich nicht zu ihnen, aber am Ende überzeugt sie sein Mörderpunch. Slade beweist auch, dass der Substanzverlust der letzten Alben vielleicht doch nicht so viel mit der Demission ihres Backbeat-Stoikers Phil Rudd zu tun hatte, wie manche Kritiker meinten. Denn jetzt gelingt AC/DC wieder ein Album, das an die kanonischen Werke zumindest heranreicht.

Die Vorproduktion überwacht George Young, Vanda ist unpässlich, doch dann bringt Atlantic Bruce Fairbairn ins Spiel, den Produzenten der Stunde, der Bon Jovi und Aerosmith gerade zu Platin-Alben verholfen hat. Malcolm hört nur »Bon Jovi« und ist überhaupt nicht amüsiert, weil er befürchtet, Fairbairn werde versuchen, der Band eine akustische Föhnwelle zu verpassen, aber schon beim ersten Treffen räumt der Kanadier alle Bedenken aus der Welt. Er will sie wieder klingen lassen wie die »AC/DC, die ihr mit 17 wart«. Da trifft er bei den Youngs einen Nerv. Er lotst die Band im Sommer in die Little Mountain Studios, Vancouver. Die Songs stehen, sie hatten schließlich mehr als genug Zeit, Fairbairn verleiht ihnen also nur noch den letzten Schliff. Und so hört man im September 1990, als schon fast keiner mehr damit rechnet, die Vorab-Single »Thunderstruck«, die mit einem packenden Intro Spannung erzeugt und Erinnerungen an fast vergessene Zeiten weckt. Das Zusammenspiel der beiden Gitarren, die agile Tapping-Melodie von Angus und der locker aus dem Handgelenk geschüttelte, die Lücken zumörtelnde Zweiton-Riff von Malcolm Young ist von einer solchen Suggestivität, dass man den Rest der Platte endlich wieder einmal mit Spannung erwartet.

*The Razors Edge* erscheint zwei Wochen später und ist fast zur Gänze gelungen. Mit dem zum Stadion-Klassiker avancierenden »Thunderstruck«, dem zurückgelehnt-melodischen »Moneytalks«, der von Chris Slade konzise und wuchtig nach vorne getrommelten Up-Tempo-Nummer »Fire Your Guns«, dem düsteren, kompositorisch ausgebufften »The Razors Edge« und vor allem »Are You Ready«, einem dieser liebenswerten Mitgröler, enthält das Album mehr Rausch-Material als die vorherigen vier Alben zusammen. Und selbst die kleinen Füller haben Verve, geraten längst nicht so einfallslos wie zuletzt. »Shot of Love« zum Beispiel. Wie Angus und Malcolm das Hauptriff auf Lücke spielen, ist brillant. Und die feine Call-and-Response-Nummer zwischen Leadgitarre und Gesang kulminiert in dem nicht besonders eloquenten, aber immerhin voll auf den Punkt gebelferten »Come on now honey we'll get full of desire / A humping and a bumping 'til we start a fire«. Feuer macht Angus dann auch noch.

Den Youngs ist dabei natürlich nicht entgangen, dass Johnson sich leergeschrieben hat. Also kümmern sie sich jetzt auch noch um die Texte. Gehaltvoller werden sie nicht – wie »Mistress for Christmas« wohl am deutlichsten zeigt. Immerhin, das Titelstück enthält fast ein bisschen Prophetie. Nach dem Zusammenbruch der Sowjetunion beschwören einige politische Träumer in diesen Jahren schon vollmundig goldene Zeiten herauf, aber wie nach einem sonnigen Tag schwarze Gewitterwolken aufziehen, so malt der Song ein eher düsteres – oder realistisches? – Zukunftsbild. »There's fighting on the left / And marching on the right / Don't look up in the sky / You're gonna die of fright«. Ein paar Monate später soll der erste Golfkrieg beginnen.

*The Razors Edge* bringt AC/DC wieder ganz nach vorne, zurück an die Spitze. Das Album chartet so gut wie überall auf der Welt, bekommt Platin-Auszeichnungen galore und ist bis heute das bestverkaufte AC/DC-Album nach *Highway to Hell* und *Back in Black*. Entsprechend groß ist die Nachfrage bei der anschließenden Welttournee, die sie wieder über ein Jahr, bis Mitte November 1991, auf Trab hält.

Einen guten Eindruck von der Tour bekommt man auf *Live*, mit dem die Band im Jahr darauf ihren 20. Geburtstag begeht. Diverse Konzertmitschnitte werden hier zu einem Doppelalbum kondensiert, dem ein bisschen die Fokussierung fehlt.

Es mag in der realen Live-Situation noch ganz spaßig sein, wenn Angus seine wiederholten Solo-Tänzchen aufführt, aber ohne die optische Sensation ist »High Voltage« einfach kein Song, dem man über zehn Minuten einräumen müsste, und »Let There Be Rock« ebenfalls nicht. Zudem hätten die Lautstärkeverhältnisse der Gitarren etwas ausgewogener sein können, Malcolms Rhythmusgitarre ist manchmal nur zu erahnen. Doch man hört hier natürlich auch alles, was Spaß macht, noch dazu in angestochenen, zerdepperten, aufgepulverten Versionen. Und am Ende knallt die Kanone, wie sich das gehört.

Ihre Show wird denn auch immer gigantomanischer. Eine 50-köpfige Roadcrew karrt 30 Tonnen Equipment durch die Gegend, »Whole Lotta Rosie« materialisiert sich jetzt als gewaltige Gummipuppe, und zum Song »Moneytalks« regnet es AC/DC-Dollars mit dem Konterfei von Angus anstelle von George Washington.

Auch diese Konzertreise gehört zu den erfolgreichsten des Jahres, spielt fast 18 Millionen Dollar ein, obwohl der zweite Teil der Nordamerika-Tour mit einer Katastrophe beginnt. Beim Konzert in Salt Lake City am 18. Januar 1991 werden drei Fans vor der Bühne vom aufgewühlten Mob zu Tode getrampelt. Die Security unterschätzt die Gefahr, lässt die Band einfach weiterspielen, erst nach einer Dreiviertelstunde unterbricht Johnson schließlich das Konzert und bittet das Publikum zurücktreten, um die Schwerverletzten zu bergen. Selbstredend gibt es eine Pressemitteilung, in der die Band ihr Bedauern ausdrückt, ihre Rechtsanwälte sind eine Weile mit den Klagen der Angehörigen beschäftigt, doch kein einziges Konzert fällt aus oder wird verschoben. Zwei Tage später stehen sie schon wieder in Phoenix auf der Bühne. Pietät gehört bekanntlich nicht zu ihren Kernkompetenzen.

Mitte August sind AC/DC zum dritten Mal Headliner beim Monsters of Rock Festival in Castle Donington, dies als erste Band überhaupt – ein weiterer Superlativ, der allerdings noch übertroffen wird vom Open Air Festival auf dem Flughafen Tushino bei Moskau einen Monat später, wo die Menschen den erfolgreich abgewehrten Putschversuch des russischen Militärs feiern. Konservativen Schätzungen zufolge sind eine halbe Million Besucher vor Ort, um Metallica, Black Crows, Pantera und als Hauptact AC/DC zu sehen, vielleicht sind es auch doppelt oder dreimal so viele, keiner hat wirklich nachgezählt.

Nach der mittlerweile obligatorischen Auszeit von gut einem Jahr kommt die Band 1993 langsam wieder in die Spur. Man weiß mittlerweile aus Erfahrung, dass sich ein kommerzieller Erfolg nicht wiederholen lässt, wenn alles so bleibt, wie es ist. Es sind die Bonsai-Modifikationen, die bei ihrer kalkulierten Simplizität das Interesse wachhalten.

Also tauschen sie zunächst einmal den Produzenten aus. Rick Rubin, der mit den Beastie Boys, Run DMC und Slayer nicht nur viele Platten verkauft, sondern auch ordentlich Kritikerlob eingeheimst hat, bemüht sich schon eine Weile um AC/DC. Jetzt versuchen sie es miteinander, zunächst mit einer Single, die beim Soundtrack für Arnold Schwarzeneggers Film *Last Action Hero* Verwendung findet. »Big Gun« klingt nicht so vielversprechend, dass es notwendig gewesen wäre, die Zusammenarbeit zu vertiefen. Aber da die Öffentlichkeit positiv reagiert, lassen sie im Jahr darauf ein Album folgen, das schon im Vorfeld für zusätzliche Aufmerksamkeit sorgt: Ihr Problemkind Phil Rudd kehrt zurück, zur großen Enttäuschung von Chris Slade, der die Vorproduktion noch mitmacht, dann aber kurz vor der eigentlichen Studioarbeit vor die Tür gesetzt wird.

Auf der letzten Tour hatte Rudd die Band in Auckland backstage besucht: Genug Zeit ist vergangen, man kann sich wieder in die Augen sehen. Nostalgie spielt dabei vermutlich eine Rolle, dass die Youngs ihm erneut den Platz hinter dem Schlagzeug anbieten, mit Sicherheit aber auch die erwartbare Reaktion der Die-hard-Fans. Vielleicht ist Slade eine Art Bauernopfer, weil man ahnt, dass die neuen Songs allein nicht reichen, dass man etwas zusätzliche Begeisterung schüren muss.

*Ballbreaker* wird nämlich ein merkwürdig druckloses, verbummeltes und auch kompositorisch mediokres Album. Rick Rubin, der sich in der Vergangenheit mit den Beastie Boys, Slayer und den Red Hot Chili Peppers genügend Meriten verdient hatte und bald darauf Johnny Cash von den Toten auferstehen lassen würde, ist offenbar der falsche Mann für AC/DC. Er lässt die Band viel zu viele Versionen spielen und schwänzt zugleich Sessions, weil er das neue Album der Red Hot Chili Peppers parallel betreut. Malcolm und er rasseln mehr als einmal aneinander in den Ocean Way Studios in Los Angeles. Mike Fraser, ihr Mann hinterm Mischpult, bekommt sogar Credits als Co-Producer, und das ist schon keine versteckte Spitze mehr.

Es gibt an diesem Album einiges zu bemängeln. Der Gitarrensound ist zu sauber. Rudd bekommt die Stöcke nicht hoch, besitzt nicht halb so viel Agilität und Durchschlagskraft wie Slade. Vor allem aber hat man die lange Kreativpause offenbar nicht mit so etwas Profanem wie Songwriting ausgefüllt. »The Furor« und »Hard as a Rock« haben eine hübsche Melodie, »Ballbreaker« kommt tatsächlich mal etwas energischer aus dem Knick, und der Anfang von »Burnin' Alive« demonstriert das intrikate Zusammenspiel der Youngs, ist endlich einmal unnachahmlich und charismatisch schlicht, ragt aber andererseits auch wieder so weit heraus aus dem übrigen Riff-Einerlei und -Allerlei von »Love Bomb«, »The Honey Roll« oder »Cover You in Oil«, dass einem deren Entbehrlichkeit nur noch stärker auffällt. »Ihre Langlebigkeit lässt sich auf zwei Faktoren zurückführen«, so Jancee Dunn im *Rolling Stone*. »Nostalgie und die Tatsache, dass AC/DC die Welt immer noch aus den Augen eines notgeilen 15-Jährigen betrachten. Gott weiß, dass es mehr als genug davon gibt.«

Doch es gibt mittlerweile eben auch genügend Nostalgiker, die sich mit ihnen gerne in wildere Zeiten zurückversetzen. AC/DC werden zu einer Band für die ganze Familie, und das drückt sich in den Verkaufszahlen aus. Selbst so ein mittelmäßiges Album kommt jetzt fast überall unter die Top Ten. Man kann davon ganz gut leben. Zumal auch ihr Konzertkalender von Januar bis Ende November 1996 einmal mehr prall gefüllt ist. Dieses Mal spielen sie sogar fünf Gigs in Südamerika.

Danach ist erst einmal wieder Ruhe. Im Jahr darauf veröffentlichen sie noch eine 5-CD-Box mit seltenen Live-Aufnahmen und unveröffentlichten Alternativtracks aus den 1970er Jahren: *Bonfire* wird ein herzerwärmender Tribut an ihren verstorbenen Sänger, dem man erstaunlicherweise *Back in Black* als fünfte CD beigegeben hat. In der AC/DC-Scholastik allerdings hat auch das einen gewissen Sinn, denn bei diesem Album war ja wie gesagt Bons Geist in Brian Johnson gefahren.

Trotz der länger werdenden Abstände zwischen den Veröffentlichungen bleibt auch das nächste reguläre Album nur ambitioniertes Mittelmaß. Und man gewöhnt sich mittlerweile langsam daran.

Im September 1999 ziehen sie sich für drei Monate in Bryan Adams' Warehouse Studios, Vancouver, zurück und holen einmal mehr den großen Bruder George Young dazu. Der

**Die ewige Kneipenband**

»Im Endeffekt sind AC/DC eine bluesbasierte Band aus dem Schützengraben. Eine glorifizierte Kneipenband. Klar, sie sind riesig, und sie sind älter geworden, aber sie sind immer noch diese Kneipenband, und deshalb lieben – und hassen – sie die Leute. Wie sie überlebt haben und sich all die Jahre treu geblieben sind, bedeutet mir sehr viel. Sie waren Idole meiner Jugend und sind es heute noch. Für mich verkörpern AC/DC die ideale Rockband: So einfach und so gut kann Musik sein, wenn man alles gibt. Ich habe sie letztes Jahr live gesehen, und sie waren immer noch phantastisch auf der Bühne. Die Show war genauso, wie sie sein sollte: viel zu laut und total wahnsinnig. Nach diesem Konzert habe ich mich wieder wie siebzehn gefühlt.«

Gitarrenlegende Slash

weiß, was gut ist für die Familie. Mit Mike Fraser am Mischpult hat sich die Band in der Vergangenheit wohlgefühlt, also darf er wiederkommen und wird anstelle von Youngs Langzeitpartner Harry Vanda als Co-Produzent engagiert.

*Stiff Upper Lip* klingt roh und erdig. Tatsächlich meint man dem Album anhören zu können, dass AC/DC hier mehr Spaß hatten als unter Rubins Fuchtel. Sogar Phil Rudd hat seinen alten Drive zurück. Die Songs sind stilvoll, wohltemperiert, blues-affin, nostalgisch fast, als wollte man hier noch einmal den übersteuerten Blues Rock der ersten Werkphase wiederbeleben. Nur konnte Bon Scott den eben auch singen, Brian Johnsons Organ fräst hier durchaus ein ziemliches Stück von der Stimmung weg. Aber auch wenn die Band hier wieder so klingt, wie sie immer klingen wollte, »Stiff Upper Lip«, »Meltdown« und »All Screwed Up« einen hübsch altmodischen Charme versprühen: Hier kommt ein bisschen gepflegte Langeweile auf. Auf hohem Niveau natürlich. Es fehlen schlicht die Refrains, die man am Abend nur ein einziges Mal gehört hat, und die einem dennoch am nächsten Morgen unter der Dusche sofort wieder einfallen, diese unauslöschlichen Brandzeichen in die Großhirnrinde, ohne die ein AC/DC-Album nun mal nicht überdauern kann.

Dafür fährt man live wieder schweres Geschütz auf, unter anderem eine riesige Angus-Statue, der irgendwann der Kopf zu rauchen beginnt. Die anschließende World Tour dauert erneut fast ein Jahr, von August 2000 bis Juli 2001, und sie verläuft wieder so erfolgreich, dass man noch eine DVD mit der Show, *Stiff Upper Lip Live*, hinterherschiebt.

Damit endet dann auch die erfolgreiche, aber alles andere als konfliktarme Zusammenarbeit mit Atlantic. Im Jahr darauf unterschreiben sie bei Sony Music einen mit 50 Millionen Dollar dotierten Multi-Album-Deal, und der Konzern überschwemmt in der Folge den Markt mit Wiederveröffentlichungen des Backkatalogs, DVDs und Boxsets. So ein bisschen zerfasert das Werk jetzt. Die Krise der Musikindustrie offenbart sich auch in der Strategie, den Markt mit immer mehr Produkten zu fluten. 2003 geben sie noch zwei Clubshows, um warm zu werden für eine Handvoll Open-Air-Auftritte zusammen mit den Rolling Stones, die auch durch die Rekord-Ticketpreise für Gesprächsstoff sorgen. In Toronto spielen sie vor knapp 500 000 Menschen. »Die Stones gaben uns eine Stunde Zeit. Das ist sehr gefährlich. Junge, du gibst uns besser keine Stunde, wenn du danach noch spielen willst«, schwärmt Phil Rudd im *Drums*-Magazin von diesem Auftritt. Im Anschluss herrscht wieder eine Weile Sendepause. Angus Young erklärt die Gründe:

> Wenn man einmal sagt: »Also gut, nehmen wir auf!« Dann ist man mehr oder weniger drei Jahre lang zusammen. Da hat man eine Enge wie in einer Ehe. Man braucht danach kleine Pausen, so dass man sich darauf freuen kann, wieder zusammenzukommen.

Zudem sind die Protagonisten mittlerweile 50 Jahre alt oder älter, da kracht es schon mal hässlich im Gebälk.

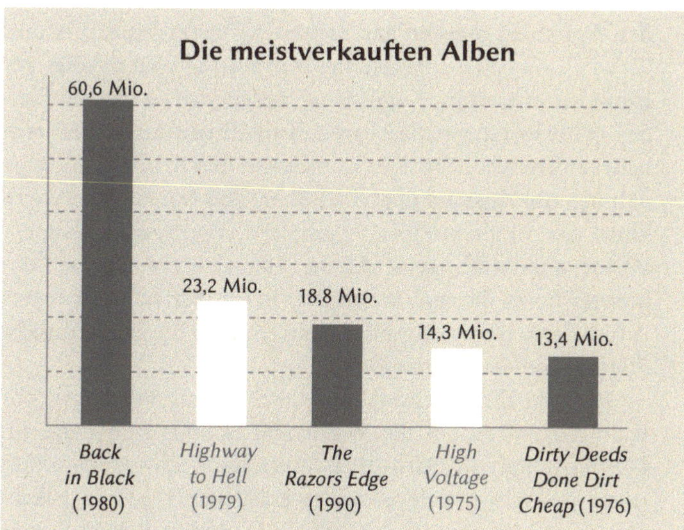

## In rock we trust – bis zum bitteren Ende

Mit den Aufnahmen zu *Black Ice* im Jahr 2008 beginnt das letzte, traurige Kapitel der Band – Malcolms schleichender Verfall. Der Kopf von AC/DC, der für die Strukturierung des Materials gesorgt, im produktiven Studiochaos stets den Überblick behalten und dessen erhobener oder gesenkter Daumen letztlich den Ausschlag gegeben hat, reagiert auf einmal unsicher und verwirrt. »Er war nicht mehr der Malcolm, den wir so lange gekannt hatten«, räumt Angus Jahre später ein. Die anschließenden Untersuchungen bestätigen ihre Befürchtungen, Malcolm leidet an Demenz. Doch er kämpft sich durch, bringt die Aufnahmen mit Anstand über die Bühne, und erstaunlicherweise klingt das Album vitaler als die beiden Vorgänger zusammen. Wieder sitzt Mike Fraser hinterm Pult, aber der Zeremonienmeister heißt diesmal Brendan O'Brien, der sich mit seiner Arbeit für Bruce Springsteen, Pearl Jam und die Stone Temple Pilots auszeichnen konnte.

*Black Ice* klingt nicht mehr so roh wie der Vorgänger, obwohl AC/DC erneut die Warehouse Studios frequentieren. O'Brien betont die Hard-Rock-Kante der Band, vor allem aber steckt das Album wieder voller grölaffiner Hau-den-Lukas-Hooks und ist sogar für die eine oder andere halbe Überraschung gut: Bei »Stormy May Day« etwa probiert Angus Young zum ersten Mal seit langem wieder den Bottleneck aus, und mit der ihm eigenen Intuition holt er hier einen Geist aus der Flasche, der einem von nun an durchs Unterbewusstsein spukt. Einen so fröhlichen, leichtfedrigen, und – wäre da nicht diese alte Säuferstimme – fast schon bezwingend poppigen Song wie »Anything Goes« gab es auch noch nie. »War Machine« ist ein dynamischer, mit unterschiedlichen Intensitäten spielender, aber im Chorus dann doch wieder angenehm stumpfer Rocker. Und bei »Rock'n'Roll Dream«, einer harten, eingängigen Blues-Rock-Preziose, stellt Phil Rudd seine Geistesgegenwart unter Beweis: Er spielt nur einen Wirbel auf der ganzen Platte, aber den einen genau hier und damit genau an der richtigen Stelle. Und in jedem Song, nach jedem zweiten Refrain kommt mit der Selbstverständlichkeit eines Naturgesetzes die wie ein rostiges Scharnier quietschende, nervöse Blues-Licks ausstreuende Leadgitarre, die Angus Young nie ganz unter Kontrolle zu haben scheint.

Die Lyrics besitzen nun endgültig keine semantische Funktion mehr. Aber natürlich haut das metrisch wieder absolut hin. »One hot southern belle / Son of a devil / A school boy's spelling bee / A school girl with a fantasy / One hard ring a bell / Old school rebel / A ten for the revelry / Jamming up the agency«, singt Brian Johnson in »Rock'n'Roll Train«. Da passt jede Silbe, jede Vokaldehnung. Der Gesang wird zum fünften Instrument, die Stimme hat rhythmisierende, melodiestrukturierende Funktion, nicht mehr, aber auch nicht weniger. Die Musik, der Sound ist die Bedeutung.

*Black Ice* versprüht wieder den alten AC/DC-Elan, und entsprechend begeistert reagiert die Kritik. Ein bisschen zu begeistert vielleicht. Kontinuität und Beharrungsvermögen, au-

Für ihre Fans kann eine Band wenig bis nichts. Ranschleimerei gibt es immer und überall. Dass sich Mogelpackung Karl Theo Buhl-Freiherr von und zu Guttenberg damals bei seinem letzten Zapfenstreich als Bundesminister der Verteidigung vom dazugehörigen Spielmannszug AC/DC wünscht, spricht also nicht unbedingt gegen die Band. Zumal der Donnergott Ärgeres verhindert. Die Bläsertruppe winkt bekanntlich ab und schmettert stattdessen »Smoke on the Water«. »Overkill« von Motörhead hätte ich noch besser gefunden. Der Papst hingegen, kein großer AC/DC-Fan, bekommt indirekt die Band laut und deutlich zu hören: Als sich der panamesische Diktator Manuel Noriega nach seinem Sturz 1989 in der Vatikanischen Botschaft verschanzt, wird er unter anderem mit »You Shook Me All Night Long« dauerbeschallt, bis er schließlich übernächtigt und völlig entnervt aufgibt. Johnson kommentiert launig, nun werde man nie mehr vor dem Papst spielen dürfen.

ßerhalb der Spartenmagazine jahrzehntelang als bloße Einfältigkeit bekrittelt, gilt jetzt auf einmal als Zeichen von fast schon heroischer Kompromisslosigkeit. Vielleicht schreibt hier auch ein bisschen das schlechte Gewissen mit.

Die anschließende World Tour nimmt kein Ende. Fast zwei Jahre sind sie unterwegs, spielen 160 Shows, vor knapp fünf Millionen Menschen. Die Einnahmen belaufen sich auf 141 Millionen Dollar. Nur die Stones und U2 sind noch erfolgreicher. Malcolm ist ohne Unterbrechung dabei, aber er vergisst Riffs, muss einige seiner eigenen Songs neu lernen. Schwer vorstellbar, wie auf diese Weise ein geregelter Tourbetrieb aufrechterhalten werden kann. Möglicherweise hilft hier schon gelegentlich wieder der Neffe Stevie Young aus, wie in den späten 1980er Jahren, als Onkel Malcolm ausnüchtern musste. Bald darauf nimmt er ganz seinen Platz ein, denn Malcolms Pechsträhne hält an.

Während die Band nach der Tour erst einmal abwartet, wie und ob es überhaupt weitergeht, erkrankt er an Lungenkrebs und kämpft ihn nieder. Kurze Zeit später macht sein Herz Probleme, und er lässt sich einen Schrittmacher einpflanzen, sogar von einem Schlaganfall erholt er sich und lernt all die Riffs neu, die er sich zusammen mit Angus einst ausgedacht hat. Aber sein Gehirn ist offenbar doch ernster in Mitleidenschaft gezogen, als man es sich zunächst eingestehen will. Man steckt ihn in ein Heim für Demenzkranke – und macht ohne ihn weiter. Es hängen offenbar zu viele Arbeitskräfte dran, um die Werktore einfach so zu schließen. Malcolm Young, der Pragmatiker, das Arbeitstier, hätte sicher sofort zugestimmt. Ein Skandal ist es dennoch. Vor Jahrzehnten, bald nach dem Verlust ihres charismatischen Sängers Bon Scott, haben sich die Gebrüder Young geschworen, den Bettel hinzuschmeißen, wenn einem von ihnen etwas passiert. Jetzt ist der Ernstfall eingetreten, und jetzt gibt es eben doch einen Plan B. Der Mensch überlebt den Künstler noch um drei volle Jahre. Und AC/DC sind jetzt eine andere Band.

Warum sie sich nach *Black Ice* überhaupt noch einmal dem Risiko aussetzen, eins dieser mittelmäßigen AC/DC-Alben abzuliefern, bleibt auf ewig ein Rätsel. Vielleicht ist *Rock or Bust* tatsächlich als eine Art liebevolle Hommage an Malcolm gedacht, wie es Angus in Interviews formuliert und wie es das Innencoverfoto zu belegen scheint. Ihre beiden Gitarren, Malcolms abgerockte Gretsch »The Beast« und Angus' Gibson SG, stehen da Kopf an Kopf an einen alten Marshall gelehnt, und dieses herzzerreißende Votivbild ist mit »In Rock We Trust« überschrieben.

Jedenfalls reist jetzt Stevie Young mit nach Vancouver. Wieder hat man die Warehouse Studios gebucht und sich die Dienste von Mike Fraser und Brendan O'Brien als Producer gesichert. Nur Phil Rudd fehlt. Zehn Tage nach dem Beginn der Sessions steht er plötzlich vor der Tür – ein erstes Warnsignal! Gut zwei Monate ist die Band mit den Aufnahmen beschäftigt, Ende November 2014 erscheint *Rock or Bust*.

Der Opener und Titelsong ergeht sich in einer lautstarken Absichtserklärung. »We turn the amps up high / The crowd's gonna hit the sky / We play it fast and loose / Because this night we're gonna burn the fuse«. So hätten sie es gern. Aber auch wenn einem hier nicht gleich die Sicherung durchbrennt: Dieses locker aus dem Handgelenk gespielte, trockene Signalriff zeigt tatsächlich noch einmal die alte Durchschlagskraft, und man fühlt sich gleich zu Hause. Brian Johnson wird zwar nie wieder Panzerglas zersingen können wie auf *Back in Black* oder *For Those About to Rock*, irgendwas war damals irreversibel kaputtgegangen, aber der Verfall seiner Stimme scheint zumindest aufgehalten. Er klingt hier nicht schlechter als vor 30 Jahren. »Play Ball« offenbart noch vollständiger den Markenkern der Band. Bassmann Cliff Williams pumpt wieder einmal den Puls des Songs, und Rudd trommelt ihn für seine Verhältnisse forciert nach vorn. Angus zieht alle Register, mischt gezupfte, gestoppte, abgedämpfte und simpel durchgeschlagene Akkorde: Noch einmal gelingt es ihm, das alles auf Spannung zu bringen. Und Johnson deklamiert dazu seine stereotypen Lautmalereien vom wilden Leben: »Pick me up / Fill my cup / Pour me another round / Come on in, mix in the sin / Come in and join the crowd«.

Aber das ist noch gar nichts gegen das nachfolgende »Rock the Blues Away«, auch wieder so eine Selbstermächtigungsbotschaft, für die Angus und seine Mannschaft richtig, fast schon untypisch ausgelassen ins Schunkeln kommen. Eher ein Nazareth-Stück, aber *Black Ice* hatte mit »Anything Goes« auch bereits einen solchen fröhlichen Pubrocker auf der Liste. Später versucht sich Angus bei »Rock the House« noch an einem Led-Zeppelin-Riff, doch weiß keiner so recht, wie Rudd jetzt auf einmal Bonzos genial-schwankenden Drive hinbekommen soll. Nicht einmal er selbst. Und dann gibt es Songs wie »Miss Adventure« oder »Got Some Rock'n'Roll Thunder«, bei denen man sich des Eindrucks nicht erwehren kann, dass sich ihre Masche jetzt langsam erschöpft hat. Insofern ist es gut, dass nach knapp 35 Minuten schon wieder Schluss ist, denn so halten sich Killers und Fillers in etwa die Waage. Es handelt sich, so kann man zusammenfassen, also um kein schlechtes, aber eben doch nur um das befürchtete mittelmäßige Album.

Beim anschließenden Videodreh für die Singles »Play Ball« und »Rock or Bust« taucht Rudd erneut nicht auf, vielleicht weil er mit seinem eigenen Soloalbum *Head Job* zu tun hat, wahrscheinlicher ist aber, dass seine Drogenabhängigkeit ihn wieder stärker in Beschlag nimmt als gewünscht. Folglich muss ein Ersatzmann seinen Part übernehmen. Und es kommt noch schlimmer. Kurz vor der Veröffentlichung von *Rock or Bust* wird er in seinem Haus in Neuseeland festgenommen. Er soll seinen ehemaligen Bodyguard bedroht, sogar dessen Ermordung in Auftrag gegeben haben. Eine drogeninduzierte Psychose, wie die Sachverständigen später im Prozess konstatieren. Die Anklage wegen versuchten Mordes wird zwar bald fallengelassen, allerdings bekommt er Hausarrest für die Todesdrohungen und den Drogenbesitz, fällt also für die anstehende Tour aus.

Die Band hat die Nase voll, entsprechend schmallippig fällt die Pressemitteilung aus. Selber schuld! Chris Slade lässt schon mal die Finger knacken und bekommt den Job. Noch einmal setzen AC/DC jetzt den ganz großen Tourapparat in Gang, und wenn der erst mal ins Rollen kommt, lässt er sich so schnell nicht stoppen: Sie spielen auf den beiden Coachella Festivals am 10. und 17. April 2015, doch die eigentliche Tournee beginnt Anfang Mai, und sie führt die Band zunächst durch die Stadien Europas. Ab August stehen Kanada und USA auf dem Plan, Oktober ist spielfrei, danach geht es nach Australien und Neuseeland. Nach der verlängerten Weihnachtspause sind sie im Februar abermals in den USA unterwegs.

Und jetzt macht plötzlich auch noch Brian Johnson schlapp. Infolge einer nicht richtig auskurierten Erkältung erleidet er einen Hörsturz. Er hatte zuvor schon an altersbedingten Problemen mit den Ohren laboriert, jetzt hört er eine Weile fast gar nichts mehr. Die Spezialisten raten ihm zum sofortigen Abbruch der Tour, sonst drohe bleibende Taubheit. Johnson entschuldigt sich bei seinem Chef Angus Young und erklärt die Situation. Er müsse sich auskurieren und hoffe, im weiteren Verlauf des Jahres die noch ausstehenden zehn Konzerte nachholen zu können. Eine Weile herrscht Funkstille, dann erfährt er aus der Presse, dass die Tour mit einem Ersatzsänger fortgesetzt wird – mit W. Axl Rose.

Wer noch Zweifel daran hatte, dass AC/DC die Knochenmühle des kapitalistischen Prinzips verkörpern, der findet sich jetzt widerlegt. Für diese Band aus Proleten gelten die Gesetze der Fabrik: Wer nicht mehr funktioniert, wird ausgetauscht.

Brian Johnson hätte es eigentlich wissen müssen, denn er ist schließlich seit 35 Jahren dabei, doch er versteht die Welt nicht mehr. Auch die Fanszene zeigt sich empört, das Schmähwort »AXL/DC« macht die Runde. Aber die Band kennt kein Pardon und reißt nicht nur die verschobenen zehn Konzerte mit dem Guns-N'-Roses-Frontman ab, sondern bedient auch noch die neuerliche Nachfrage mit einem Bäckerdutzend Zusatzshows.

Eine Spur von Bitterkeit darüber, dass »die Tour einfach ohne mich weiterging«, bis Mitte September 2016 immerhin, klingt nach in Johnsons Biographie. Das kann er ihnen nicht verzeihen, bei aller Dankbarkeit dafür, dass Malcolm und Angus ihn damals auserwählt haben. Und ehrlich gesagt: ich auch nicht. Cliff Williams scheint ebenfalls nicht amüsiert gewesen zu sein: Er kündigt an, sich nach der Tour ins Privatleben zurückzuziehen. Damit ist die Band praktisch nicht mehr existent.

Aber dann vergeht wieder ein Jahr. Zunächst stirbt George Young und nur vier Wochen später, am 18. November 2017, Malcolm Young mit gerade einmal 64 Jahren. Die Band trifft sich auf der Trauerfeier und rückt wieder näher zusammen. Angus legt seinem Bruder den Gitarrenkoffer mit der Gretsch Jet Firebird auf den Sarg. Phil Rudd hat seine Strafe abgesessen, wirkt fit und plant eine Europa-Tour, um sein Soloalbum vorzustellen. Brian Johnsons Gehör ist dank der Hilfe der Spezialisten wieder funktionsfähig, und Cliff Williams muss man sowieso nicht lange überreden. Gerüchte schießen ins Kraut, und als ein kanadischer Fan im August 2018 Johnson vor den Warehouse Studios fotografiert, besteht kein Zweifel mehr.

In sechs Wochen spielen AC/DC, wieder mit Stevie Young an der Rhythmusgitarre, die Basistracks von *Power Up* ein. Anfang 2019 arbeiten sie noch etwas am Feinschliff. Wie gehabt sitzen Mike Fraser und Brendan O'Brien im Aufnahmeraum. Und das Album soll bereits Anfang 2020 erscheinen, aber dann verzögert die Covid-19-Pandemie die Veröffentlichung. Im November verlieren sie schließlich die Geduld und lassen das Album erscheinen, obwohl noch keiner sagen kann, wann Konzerte mit mindestens fünfstelligen Besucherzahlen wieder erlaubt sind. Das Album verkauft sich aber auch ohne Promotion-Tour ganz gut, landet in 21 Staaten auf dem ersten Platz der Charts und weltweit auf Platz sechs der bestverkauften Alben des Jahres.

Gerade weil sie hier alles genauso machen wie immer, kommt *Power Up* als Stimmungsaufheller offenbar genau richtig, als ein Zeichen von Normalität in unsicheren Zeiten. Die abgestoppten Riffs, der immer etwas tumbe, aber effiziente Beat, die erwartbaren Breaks und Fermaten, die immergleichen Blues-Licks und Fills, die kaskadenartigen Sololäufe und nicht zuletzt dieses geburtswehenartige Pressgekeife. Man hat das alles schon oft genug gehört. Aber wie man sich bei einer guten TV-Serie auf die Marotten und blöden Sprüche seiner Lieblingsfigur freut, so geht es einem auch bei jedem neuen Album von AC/DC. Die Sprüche eingeschlossen. »A shot in the dark / Yeah, electric sparks / A shot in the dark / Beats a walk in the park, yeah«.

Die erste Auskopplung »Shot in the Dark« ist eine hübsche Variante von »Stiff Upper Lip«, und das war bekanntlich schon eine hübsche Variante von – ach egal. Es gibt einige Songs, die mit großem Bimbam dem Gesetz der Serie gehorchen. Doch wie jedes gute AC/DC-Album überrascht auch dieses mit ein paar Akzentverschiebungen. Hier haben sie wieder etwas mehr an den Chören gefeilt. Die sind nicht mehr nur hooliganeskes Gebrüll im Kleinformat und folglich als Handlungsaufforderung an das Auditorium zu verstehen, sondern tragen etwas bei zur melodischen Struktur: In dem souverän aus der Hüfte geschossenen Opener »Realize« löst der raunende Männergesangsverein Brian Johnsons Krächzen ab und macht so die Chorus-Melodie erst rund. Bei »Witch's Spell« haben sie einen schon bei der liquiden Bridge in die Tasche gesteckt, aber dann kommt eben auch noch der famose Refrain: ein neues Lieblingslied. Und auch der nostalgische Pub-Rock-Schunkler »Through the Mists of Time« klingt nicht nach dem üblichen AC/DC-Kanon-Futter. Doch trüben absurde Füllsel den Spaß auch wieder. Mit zwölf Songs ist das Album mindestens vier Songs zu lang. Gerade nach hinten raus verläppert sich das Ganze etwas, aber die Freude darüber, dass sich die alten Männer wenigstens noch einmal zusammengerauft haben, wiegt so einiges auf.

Die übliche World Tour fällt aus den bekannten Gründen aus, folglich ziehen sich alle wieder wie gehabt ins Privatleben zurück. *Power Up* bekommt auch so genügend Airplay, sie koppeln einfach immer mal wieder eine Single aus, um das Interesse an dem Album wachzuhalten. Und ihre Backlist verkauft sich ohnehin von allein. Brian Johnson nutzt die Zeit, um *Life of Brian* fertigzustellen, den ersten Teil seiner Biographie.

Erst im März 2023 gibt es wieder ein Lebenszeichen von der Band. AC/DC avisieren für Oktober einen Auftritt beim dreitägigen Power Trip Festival in Indio, Kalifornien, dem ersten Termin seit sieben Jahren. Einen Monat vor dem Gig wird angekündigt, dass Phil Rudd mal wieder nicht dabei ist. Warum, weiß keiner. An dessen Stelle sitzt Matt Laug hinterm Schlagzeug, ein Jungspund von 55 Jahren, der bereits für Alanis Morissette, Alice Cooper und Slash getrommelt hat. AC/DC spielen am zweiten Tag nach Judas Priest und bieten 60 000 Menschen eine zweieinhalbstündige Dröhnung, die bei den Jüngern natürlich Begehrlichkeiten weckt, obwohl man der

Band merklich anhört, dass sie alles andere als eingespielt ist. Angus spielt fahrig, verhackstückt den Anfang von »Thunderstruck«, und Brian Johnson quält sich, aber schafft es nicht mehr, den nötigen Druck aufzubauen, um noch einmal zu triumphieren über seine völlig zergniedelten Stimmbänder. AC/DC wirken plötzlich alt und gebrechlich.

Eigentlich ist jetzt der Zeitpunkt gekommen, an dem man es wirklich sein lassen sollte. Aber sie schinden sich durch die nächste Welt-Tournee, die sie im Sommer 2024 für immerhin elf Konzerte nach Deutschland führt – mit einer Rumpfmannschaft, also ohne Phil Rudd und Cliff Williams. Natürlich sind die Termine ausverkauft, und die Fans feiern sie, aber vor allem dafür, dass sie weiterhin durchhalten.

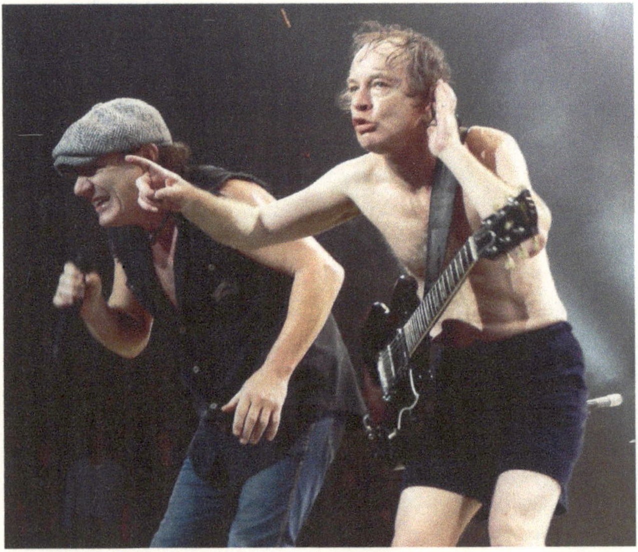

## Lektüretipps

Anthony Bozza: Warum AC/DC die Größten sind. Aus dem Amerik. von Violeta Topalova. München 2010. [Engagierte, aber nicht unkritische Eloge. Mit Verve geschrieben, in den Details bisweilen ungenau.]

Murray Engleheart / Arnaud Durieux: AC/DC. Maximum Rock'n'Roll. Komplett überarb. und aktual. Neuausg. Aus dem Engl. von Kirsten Borchardt und Stefan Rohmig. München 2017. [Detailreiche, beinahe positivistische, aber hagiographische Darstellung. Wegen ihres Faktenreichtums dennoch unentbehrlich.]

Jesse Fink: Die Brüder Young. Alles über die Gründer von AC/DC. Übers. von Alan Tepper. Höfen 2015. [Gut recherchierte, kritische Monographie mit eigenen Schwerpunkten. Gute Ergänzung zu Engleheart/Durieux und Wall.]

Martin Huxley: AC/DC. Die Biografie. Aus dem Engl. von Achim Bonenschäfer. Höfen 2009. [Frühe, solide und konzentrierte Gesamtdarstellung von 1996. Später erweitert von Andreas Schöwe und Eckhard Schwettmann. In Details überholt, trotzdem weiterhin lesenswert.]

Brian Johnson: Das Leben des Brian. Die Autobiografie. Aus dem Engl. von Daniel Müller und Sven Scheer. München 2022. [Schwungvoll und pointenreich erzählte Autobiographie. Leider hört sie schon auf bei *Back in Black*.]

Mick Wall: AC/DC. Hell Ain't a Bad Place to Be. Die Bandbiografie.

Übers. von Sonja Kerkhoffs und Bernd Gockel. Hamburg 2014. [Faktenreiche, souverän geschriebene Gesamtdarstellung bis *Black Ice*. Standardwerk.]

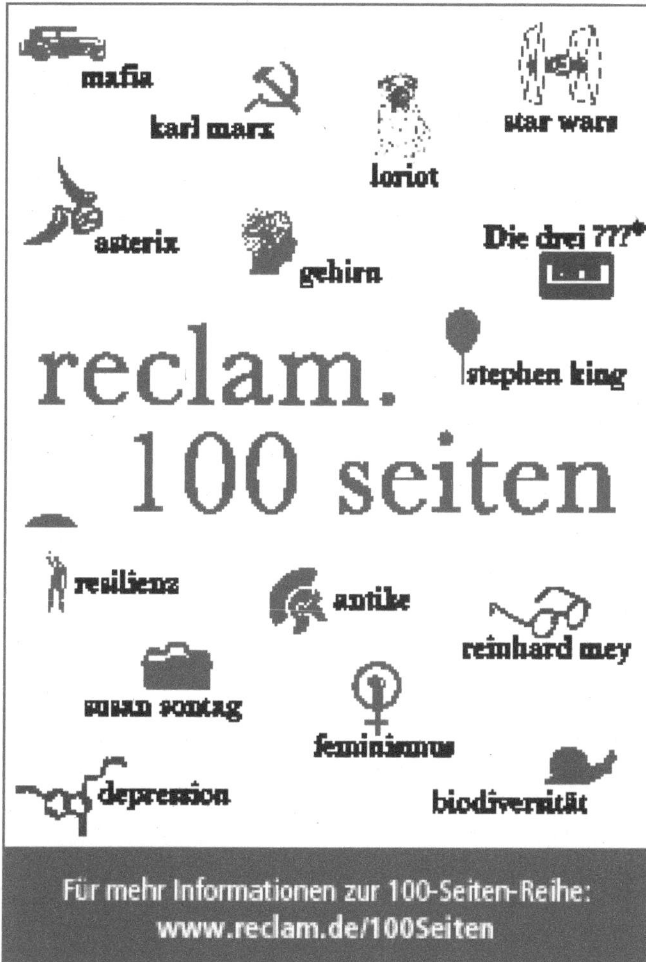
mafia
karl marx
loriot
star wars
asterix
gehirn
Die drei ???®
reclam.
100 seiten
stephen king
resilienz
antike
reinhard mey
susan sontag
feminismus
depression
biodiversität
Für mehr Informationen zur 100-Seiten-Reihe:
www.reclam.de/100Seiten